Michael Blume
Evolution und Gottesfrage

W0192205

Das Buch

In den gängigen Lehrbüchern wird Charles Darwin (1809–1882) meist einfach als »Naturforscher« vorgestellt. Doch der einzige Studienabschluss, den der bedeutende Entdecker der Evolutionstheorie je ablegte, war der eines anglikanischen Theologen. Auch erforschte er keineswegs nur die Natur, sondern aus evolutionärer Perspektive ebenso biokulturelle Fähigkeiten wie die Sprache, die Moral und die Religion. In seinem letzten Lebensjahr ließ sich Darwin als bekennender Agnostiker zudem von einem Buch über »Das Glaubensbekenntnis der Wissenschaft« begeistern und korrespondierte mit dessen Autor intensiv über Fragen von Wissenschaft, Gottesglauben, Emergenz und Fortschritt.

Der Autor

Dr. Michael Blume, geb. 1976, lehrt Religionswissenschaft an der Friedrich-Schiller-Universität Jena und wurde über die sogenannte »Neurotheologie«, die Arbeiten von Hirnforschern über religiöse Fragen, promoviert. Für seinen Wissenschaftsblog »Natur des Glaubens« erhielt er den SciLogs-Preis 2009. Zusammen mit dem Biologen Rüdiger Vaas veröffentlichte er u. a. »Gott, Gene und Gehirn. Warum Glauben nützt. Die Evolution der Religiosität« (3. Auflage 2012). Und mit »Evolution und Gottesfrage« stellt er nun bislang unbekannte Seiten des Entdeckers der Evolutionstheorie vor.

Michael Blume

Evolution und Gottesfrage

Charles Darwin als Theologe

HERDER

FREIBURG · BASEL · WIEN

HERDER spektrum Band 6582

Umschlagkonzeption: Agentur RME Roland Eschlbeck
Umschlaggestaltung: Verlag Herder
Umschlagmotive: © tribalium81 – Fotolia.com / Charles Darwin,
Natural History Museum, London; Wiki commons

Satz: Barbara Herrmann, Freiburg
Herstellung: CPI – Clausen & Bosse, Leck

Printed in Germany

ISBN 978-3-451-06582-8

Allen konstruktiven Bloggerinnen und Bloggern,
Kommentatorinnen und Kommentatoren

Inhalt

Einleitung

Evolution – mehr als Biologie

Ausgerechnet in Tübingen, an der Universität, an der ich studiert hatte und promoviert wurde! Selbst in Bristol oder Barcelona war das Lampenfieber geringer gewesen. Aber die europäische Gesellschaft für Evolutionsbiologie (European Society of Evolutionary Biology – ESEB) hatte Hunderte Biologinnen und Biologen zu ihrem 13. Jahreskongress ausgerechnet nach Tübingen geladen und dabei zum ersten Mal auch Kultur- und Geisteswissenschaftler zu Vorträgen unter der Überschrift »Evolution – mehr als Biologie« gerufen. Und so standen wir also etwas nervös im Vortragssaal: der Literaturwissenschaftler Joseph Carroll aus Missouri, der Ökonom Esben Andersen aus Aalborg, der Mediziner Frank Ryan aus Sheffield und ich als Religionswissenschaftler sowie die mutigen Organisatoren des Panels: Nico Michiels, Thomas D'Souza und Daniel Dreesmann. Würden, auch angesichts vieler gleichzeitiger Angebote, Interessierte kommen? Würde es Beschwerden geben, weil die Organisatoren es gewagt hatten, den Evolutionsbegriff (wieder) über die Biologie hinaus zu öffnen? Würde ein interdisziplinärer Dialog gelingen?

Und dann wurden wir, einer nach dem anderen, vom Ansturm überrollt. Im Internet gibt es ein Bild, in dem man zwei Minuten vor Beginn meines Vortrags die Fassungslosigkeit in der Körpersprache sieht, obwohl ich nur von hinten abgebildet bin. Denn der Vortragssaal, die Sitzreihen, Gänge, Tribünen vor mir quellen über, als Hunderte Biologinnen und Biologen über die Evolutionsforschung zu Religion hören wollten. Ich erinnere mich, kurz die Augen geschlossen zu haben, um die Konzentration zurückzugewinnen. Mein späterer Tübinger Doktorvater Günter Kehrer tauchte in meiner Erinnerung auf, sein bohrender Blick zwischen Schalk und Prüfung. Es war jene Szene, als ich ihm mein Konzept eröffnet hatte, über Religion und Hirnforschung promovieren zu wollen. »Sie wissen schon – wer sich mit Biologen einlässt, bekommt in der deutschen Religionswissenschaft nie einen Lehrstuhl«, hatte er sachlich festgestellt. Die Aussage war klar: Wenn ich doch lieber auf Nummer sicher gehen würde, würde er es verstehen. Aber wenn ich für das Thema wirklich brennen und bereit sein würde, die angehende Karriere dafür zu riskieren, würde er dies unterstützen. Es war meine Entscheidung, zu treffen in einem Augenblick. Und ich sagte Ja.

Und war, wie sich herausstellen sollte, mit dieser Entscheidung nicht mehr alleine. Überall auf der Welt begannen Wissenschaftlerinnen und Wissenschaftler, die gegenseitigen Abgrenzungen ihrer Disziplinen in Frage zu stellen und Religion interdisziplinär zu erforschen. Tatsächlich hatte es solche Einzelkämpfer immer wieder gegeben.

Doch nun kam uns ein neues Medium zur Hilfe, mit dem wir voneinander erfahren und uns vernetzen und austauschen konnten: das Internet. Über Online-Veröffentlichungen, Blogs und Netzwerke und schließlich über Kongresse, Bücher, Institute und eigene Fachzeitschriften entfaltete sich binnen weniger Jahre die Evolutionsforschung zur Religion interdisziplinär und international. Wir vernetzten uns bei internationalen Tagungen und darüber hinaus. Unvergessen ist mir der Besuch des Sozialpsychologen Ara Norenzayan aus Vancouver/Kanada. Wir hatten uns online und auf Kongressen bereits vielfach ausgetauscht, besuchten nun zusammen eine baden-württembergische Landesausstellung zu ägyptischen Mumien und debattierten bei Fertigpizza bis tief in die Nacht.

2008 erschien dann das von dem Biologen Rüdiger Vaas und mir gemeinsam verfasste Buch: »Gott, Gene und Gehirn« als erste deutschsprachige Forschungsübersicht zum Thema. Es war für alle ein Wagnis, erhielt aber viele positive Rezensionen von Natur-, Kultur- und Geisteswissenschaftlern und liegt bereits in dritter Auflage vor. 2009 folgte der SciLogs-Preis für meinen Wissenschaftsblog »Natur des Glaubens«, 2010 der »Vermittlungen«-Preis der Evangelischen Akademie Villigst für die Arbeit im Dialog zwischen Naturwissenschaften und Religion. Vorurteile und Widerstände gab und gibt es weiterhin – Günter Kehrers Warnung war zu Recht erfolgt –, aber die Entwicklung innerhalb der Forschung und das wachsende Interesse insbesondere in der jüngeren Generation ließ sich nicht mehr aufhalten.

Die kurze Einführung der ESEB-Organisatoren riss mich aus meinen Gedanken. Ich begann also vorzutragen, dankte und kündigte an, mich heute an den Thesen eines »recht bekannten Theologen« zu orientieren, was merkbares Entsetzen bei vielen Anwesenden auslöste. Theologie? O Gott! Da erschien hinter mir ein Porträt von Charles Darwin auf der Leinwand. Verblüffung ging in überraschtes Lachen über – viele Biologinnen und Biologen hörten wohl zum ersten Mal, manche erinnerten sich vielleicht, einst davon gehört zu haben, dass der Begründer der Evolutionstheorie in seinem ganzen Leben nur einen Studienabschluss erworben hatte: den eines Bachelors in anglikanischer Theologie. Neu war vielen auch sein lebenslanges und überaus kundiges

Interesse an der Evolution von Kultur(en), Sprache(n), Musik(en) und Religion(en). So stellte ich dazu Auszüge aus seiner »Abstammung des Menschen« (1871) und einige der Hypothesen vor, die der Theologe Charles Darwin der Evolution von Religiosität und Religionen gewidmet hatte und verglich sie mit dem neuesten Forschungsstand.

Die Idee zum vorliegenden Buch gewann während dieses Vortrages, den erfreulichen Reaktionen darauf und den anschließenden, sich über den ganzen Tag erstreckenden Diskussionen mit Biologinnen und Biologen von Island bis Israel Gestalt.

So viel wurde und wird über das Verhältnis von Evolution und Religion gestritten – doch kaum jemand weiß, was Darwin selbst dazu hinterließ. Selbst ernannte Freunde wie Feinde haben stattdessen Darwin-Zerrbilder entworfen, die mehr mit späteren gruppendynamischen Prozessen als mit dem historischen, interdisziplinär forschenden Privatgelehrten selbst zu tun hatten. Gegner der Evolutionstheorie beschuldigten ihn und die von ihm begründeten Forschungen pauschal des Reduktionismus, des Atheismus und der Menschenverachtung. Und umgekehrt vermochten auch prominente »Darwinisten« wie Richard Dawkins ganze evolutionsbiologisch argumentierende Bücher über bzw. gegen Religion(en) zu schreiben – ohne auch nur zu erwähnen (vielleicht ohne es gar zu wissen?), was der Namensgeber ihrer Bewegungen und Weltanschauungen selber dazu gemeint hatte.

Zwar kursieren im Netz viele Anekdoten und je nach Neigung zusammengestellte Zitate, doch behandelten selbst professionelle Darwin-Biografien die entsprechenden Fragen nur als ein Detail unter vielen und übergingen etwa seine Arbeiten zur Evolution der Religion meist völlig. Viele entsprechende Textquellen waren nie oder zuletzt vor Jahrzehnten ins Deutsche übersetzt worden, und zu dem aufregenden

Briefwechsel zwischen dem späten Darwin und William Graham über dessen Buch zu evolutionärem Gottesglauben ist so gut wie nichts zu finden.

Auf den folgenden Seiten möchte ich daher nicht nur die Haltung, sondern vor allem auch die wissenschaftlichen Hypothesen Darwins zur Religion und evolutionären Religionsforschung vorstellen. Zudem möchte ich den faszinierenden Briefwechsel Darwins mit Graham erstmals ins Deutsche übertragen und vorstellen. Rosemary Clarkson von der Cambridge Library und dessen Darwin Correspondence Project danke ich herzlich für den Einblick in noch nicht online verfügbare Transkripte. Jesse Bering und William Crawley halfen aus Irland, Details über den zu Unrecht in weitgehende Vergessenheit geratenen Graham wiederzuentdecken.

Stellvertretend für die vielen Kolleginnen und Kollegen verschiedenster Disziplinen, mit denen Wissenschaft Freude macht, möchte ich Regina Ammicht-Quinn, Nico Michiels, Hermann Aichele, Günter Kehrer, Burkhard Gladigow, Rüdiger Vaas, Oliver Krüger, Eckhard Voland, Ara Norenzayan, David Sloan Wilson, Carsten Könneker, Ronald Pokoyski und Susan Blackmore danken. In diesen Dank schließe ich jene Studierenden ein, die mich zuletzt insbesondere an den Universitäten Marburg und Jena mit ihren Fragen gefordert und mit ihrem Interesse beflügelt haben.

Auch meinen Kolleginnen und Kollegen im Staatsministerium Baden-Württemberg gilt mein Dank, die nicht nur immer wieder Verständnis und Solidarität aufbrachten, wenn ich für einen Kongress, ein Vortrag oder Seminar Überstunden abbaute. Einige setzten auch manche Mittagspause, Zugfahrt und manchen Lektüretipp für wertvolle, interdisziplinäre Debatten ein. Stellvertretend nenne ich hier die Theologin Dr. Simone Höckele-Häfner, die Soziologin Lisa Stengel, den Politikwissenschaftler Dr. Michael

Münter, die Literaturwissenschaftlerin Yonca Yazici und den Archäologen Roland de Beauclair. Meine Begeisterung für das Konzept von Bürgerwissenschaft entstammt der alltäglichen Erfahrung, dass nicht nur die Wissenschaft, sondern auch die Berufe profitieren, wenn die Freude am Wissen, Forschen, Publizieren und Lehren nicht mit dem Studienabschluss endet.

Meiner Frau Zehra verdanke ich überreiche Ermutigung, verständnisvolle Unterstützung sowie auch wiederholt wertvollen Rat für das Forschen und Schreiben, obwohl unser Jüngster erst seit wenigen Monaten bei uns ist und seine Rechte nachdrücklich einfordert. Ohne sie hätte es dieses Buch nicht geben können.

Dieser Dank gilt auch dem Verlag Herder, der aus einem Word-Manuskript ein Buch gefertigt hat. Für alle Fehler, die in den folgenden Seiten noch enthalten sein sollten, bin allein ich verantwortlich.

Dankbar gewidmet habe ich dieses Buch allen konstruktiven Bloggenden und Kommentierenden im Internet. Besonders prägte mich das wissenschaftliche Blogportal SciLogs und die religionswissenschaftliche Mailingliste Yggdrasil. Keine Frage: Online-Kommunikation hat ihre Tücken, zumal uns die biologische Evolution schlecht auf sie vorbereitet hat. Hier müssen wir also verantwortete Netzkultur durch Versuch, Irrtum und Erfahrung erst noch entwickeln, ein Prozess, der womöglich Jahrzehnte oder gar Generationen in Anspruch nehmen wird. Und doch erleben wir heute schon, wie sich wissenschaftliches Präsentieren und Diskutieren wie auch zunehmend Lehre und Forschung immer stärker ins weltweite Netz verlegen und wie sich unseren Schulen, Hochschulen, Institute und Wissenschaften völlig neue Chancen erschließen. Daher erscheint dieses Buch bewusst sowohl als E-Book wie auch als klassisches Printprodukt.

Zur Furcht vor Evolutionsforschung bestünde meines Erachtens nur Anlass, wenn Sie, liebe Leserin, lieber Leser, sich in diesen Prozess nicht konstruktiv und ideenreich einbringen würden! Falls wir auf meinem Chronolog »Natur des Glaubens« noch nicht diskutiert haben, so lade ich Sie hiermit herzlich auch dorthin ein. Denn auch für den direkten Dialog zwischen Forschenden, Schreibenden und Lesenden bietet das Netz neue und noch kaum entdeckte Chancen.

Michael Blume

1. Charles Darwin – vom Theologen zum Empiriker

»Es ist wahrlich etwas Erhabenes um die Auffassung, dass der Schöpfer den Keim alles Lebens, das uns umgibt, nur wenigen oder nur einer einzigen Form eingehaucht hat, und dass, während sich unsere Erde nach den Gesetzen der Schwerkraft im Kreise bewegt, aus einem so schlichten Anfang eine unendliche Zahl der schönsten und wunderbarsten Formen entstand und noch weiter entsteht.« *(Charles Darwin, Schlusssatz seines ersten Hauptwerkes »Die Entstehung der Arten«, Auflage von 1872[1])*

Als ich einmal in einem Blogbeitrag diese Aussage Darwins zitierte, setzte umgehend Protest ein. Gleich der erste Kommentator ließ wissen, dass »der Atheist Darwin« nicht gemeint haben könnte, was er schrieb – entsprechende Sätze »waren nichts weiter als beruhigende Zugeständnisse an seine erbosten Zeitgenossen«. Darwin – ein Atheist und feiger Taktierer?

Ein zweiter Kommentator behauptete, dass Darwin den Schöpfer »unter dem Druck der Religionslobby hinzugefügt« habe, und zwar »zu seinem eigenen Missfallen«. Und zitieren solle man ihn also auch nicht mehr, denn: »Das für seine eigene naive Argumentation für Gott zu vereinnahmen kann natürlich nur passieren, wenn man ganz stark an Religiosität erkrankt ist, jedem anderen Menschen mit einem Funken Anstand wäre derartiger Betrug einfach zu peinlich.« Hatte sich Darwin von religiösen Finsterlingen erpressen lassen? Und hätte er Religiosität, gerade auch im Kontext seiner Evolutionsforschung, als »Krankheit« beschrieben?

Und schon äußerte sich ein weiterer Kommentator, der es diesmal aus religiöser Sicht wiederum ganz genau wusste: »Gott hat die Erde in 6 Tagen erschaffen. Die Erde existiert ca. 6000 Jahre. Evolution ist eine gleichermaßen waghalsige wie dämliche Theorie, die weder Wissenschaftlich fundiert noch spekulativ tragbar ist. […] Ein allmächtiger Gott hätte es nicht nötig, erst die Welt zu erschaffen, dann dafür zu sorgen oder es zuzulassen, damit Menschen eine komplett andere geschichte aufschreiben. Entweder oder. Entweder man glaubt Gott oder eben nicht. es ist irrsinn Gott in einem menschlichem Verstand pressen zu wollen« (›Rechtschreibung‹ im Original).[2]

Wenn es um Darwin geht, so setzen offensichtlich von ganz verschiedenen Seiten her umgehend Emotionen und (Vor-)Urteile ein. Dabei eröffnet ein Blick auf die Biografie Darwins, der seinen einzigen Studienabschluss in anglikanischer Theologie erwarb, und seine zahlreichen Äußerungen zu Gottes-, Moral- und Fortschrittsfragen ein differenziertes und auch inhaltlich überraschend aktuelles Bild. Es lohnt sich gerade heute, Darwins eigene, religiöse Haltung wie auch seinen späteren Forschungen zur Evolution von Religiosität und Religionen kennenzulernen. Und dabei auch zu erfahren, wie es zu den obigen Sätzen kam …

1.1 Darwin – sein Leben und Werk

Charles Robert Darwin wurde am 12. Februar 1809 als fünftes von sechs Kindern in eine wohlhabende Unternehmer- und Arztfamilie des Vereinigten Königreiches geboren und anglikanisch getauft. Seine Mutter Susannah Wedgwood war eine gläubige Unitarierin und ließ den Kleinen in die Tagesschule der Gemeinde gehen, sie starb jedoch, als Darwin gerade acht Jahre alt war. Sein Vater Robert war als Arzt zu einigem Wohlstand gelangt und galt als nichtreligiöser Freidenker. Nach dem Tod seiner Frau schickte er Darwin auf eine Internatsschule. Darwins Großvater väterlicherseits, Erasmus Darwin – den gleichen Namen trug später Darwins älterer Bruder –, hatte als Naturforscher und Dichter von sich Reden gemacht und bereits proto-evolutionäre Gedanken vertreten. Sein Großvater mütterlicherseits, Josiah Wedgwood, war Keramikfabrikant. Das Familienumfeld lässt sich als wohlhabendes Bildungsbürgertum mit protestantischen Wurzeln, entsprechendem Arbeitsethos und aufgeklärter Neugier gut umschreiben.

Schon früh beteiligte sich Darwin besonders an den naturwissenschaftlichen Sammlungen, Studien und Experimenten in seinem Familien- und Freundeskreis und strebte nach dem Vorbild seines Vaters den Arztberuf an. So nahm er ein Medizinstudium an der Universität Edinburgh auf und vertiefte sich dort in empirische Studien, langweilte sich aber bei anderen Themen. Schließlich brach er sein Studium im vierten Semester ab, nachdem er aus der Demonstration einer Operation ohne Narkose geflohen war.[3]

Längst war klar, dass Darwin genug Geld erben würde, um ein Leben in Müßiggang zu führen. Genau das wollte sein Vater vermeiden und schlug ihm nach dem Abbruch des Medizinstudiums eine Laufbahn als Landpfarrer vor. Darwin war dazu bereit und befand, die Glaubensartikel der anglikanischen Kirche akzeptieren zu können.

1828 wechselte er also zum Studium der Theologie nach Cambridge. In seiner 1876 verfassten und in den Folgejahren nachbearbeiteten Autobiografie beklagte Darwin später rückblickend, dass er in Cambridge, Edinburgh und seiner Schule viel »Zeit verschwendet« habe. In einem Sportsclub habe er sich auch mit üblen Typen [»dissipated low-minded young men«] abgegeben. Auch meinte Darwin, sich für zahlreiche Bankette mit »manchmal zu viel Getränk« schämen zu müssen, um augenzwinkernd hinzuzufügen: »Aber ich kann mir nicht helfen, mit viel Vergnügen an diese Zeiten zu denken.«[4] Freunde erinnerten sich auch, der wohlhabende Student habe einen sogenannten »Schlemmerclub [Glutton club]« mitgegründet, der sich wöchentlich traf, sowie intensiv Musik (Mozart und Beethoven), Literatur (Shakespeare) und Ausstellungen in Kunstgalerien genossen.[5] Freude hatte Darwin an der Botanik sowie an der Lektüre Euklids – der im griechischen Original zu lesen war – und an den Werken des Naturtheologen William Paley (1743–1805), zu denen er auch geprüft wurde.[6] In seiner »Natürlichen Theologie« hatte Paley das Argument entwickelt, das die kunstvolle Beschaffenheit der Welt (er verglich sie mit einer gefundenen Uhr) auf einen Schöpfer (den Uhrmacher) hinwiese und damit proto-evolutionäre Argumente von David Hume (1711–1776) und Darwins Großvater Erasmus zurückgewiesen. Darwin schrieb dazu noch 1859 in einem Brief: »Ich glaube nicht, dass ich je ein Buch mehr bewunderte als Paley's Natürliche Theologie: Ich konnte es fast auswendig aufsagen.«[7] Und so erwarb er schließlich 1831 in Cambridge den einzigen Studienabschluss seines Lebens: den eines Bachelors in anglikanischer Theologie, als immerhin Zehntbester seines Jahrgangs.[8]

Diese Verbindung von kultur- und geisteswissenschaftlichen Kenntnissen mit seinen naturwissenschaftlichen Neigungen würde Darwin zu dem bedeutenden, interdisziplinären und unabhängig denkenden Wegbereiter der Evolutionstheorie machen. Lebensweltlich zeigte er sich stets als wohlhabender, gemäßigt liberaler Viktorianer seiner Zeit, der vom Erbe seiner Familie lebte, Dienstboten beschäftigte und von der biologischen und kulturellen Überlegenheit des Mannes über die Frau, des Engländers über den Iren und andere »Menschenrassen« sowie der Notwendigkeit von Konkurrenz und »Kampf ums Dasein« überzeugt war. Dabei war er aber auch ein sensibler und vor allem mitfühlender Mensch, der sich über die Grausamkeit der Sklaverei empörte, gegen die Verfolgung von Juden in Russland protestierte und Tierquälerei kritisierte. Selbst in seinem zweiten Hauptwerk »Die Abstammung des Menschen« finden sich daher Sätze zur Sezierung lebender Tiere wie:

> »Alle haben davon gehört, wie ein Hund, an dem man die Vivisektion ausführte, die Hand seines Operateurs leckte. Wenn nicht dieser Mann ein Herz von Stein hatte, so muss er, wenn die Operation nicht durch Erweiterung unserer Erkenntnis völlig gerechtfertigt war, bis zur letzten Stunde seines Lebens Gewissensbisse gefühlt haben.«[9]

Aber aus Rücksicht auf Forschung und Lehre konnte sich der Privatgelehrte trotz aller Abscheu doch nicht zur Unterstützung einer Parlamentsinitiative für eine gesetzliche Einschränkung von Vivisektionen durchringen, sondern hoffte auf individuelle Einsicht der Praktizierenden.[10]

Aus der Theologie in die empirische Bürgerwissenschaft

Die Frage, wie sich überlieferte Offenbarungen und die Ergebnisse empirischer Forschungen zueinander verhielten, gehörte bereits zu Darwins Zeiten zu den großen Debatten innerhalb der Theologie. Bereits Augustinus hatte ja davor gewarnt, die Bibel als einen Steinbruch für wissenschaftliche

Aussagen zu verwenden und damit den Glauben der Lächerlichkeit preiszugeben. Und gerade auch in Großbritannien und Cambridge vertraten immer mehr Geistliche die »naturphilosophische« Auffassung, dass es nur eine Wahrheit geben könne und deswegen empirische Forschungen nicht etwa zu fürchten, sondern aktiv zu betreiben seien – selbst wenn sie überlieferten Auslegungen widersprächen. So hatte schon der englische Philosoph, Jurist und Politiker Francis Bacon (1521–1626) dafür plädiert, sowohl »das Buch von Gottes Wort« wie auch »das Buch von Gottes Werk« (die Natur) zu erforschen. Und der Präsident des bedeutenden Debattierklubs von Cambridge während Darwins Studium, der anglikanische Priester, Naturtheologe und Wissenschaftsphilosoph William Whewell (1794–1866) hatte bereits 1833 bekannt: »Aber im Hinblick auf die materielle Welt können wir mindestens so weit wie folgt gehen – wir können wahrnehmen, dass Ereignisse nicht durch vereinzelte [insulated], in jedem Einzelfall angestrengte Eingriffe göttlicher Macht hervorgebracht werden, sondern durch die Etablierung allgemeiner Gesetze.« Mit diesen ausgewählten Zitaten Bacons und Whewells eröffnete Darwin seine erste Ausgabe der »Entstehung der Arten«. Leider wurden sie nicht in die frühen deutschen Übersetzungen übernommen.[11]

Die schnelle Ausbreitung und Etablierung empirischer Forschungsfelder, -befunde und -methoden zu Darwins Zeiten hatte dabei einen wesentlichen Antrieb in den vielen, die sich an ihr beteiligten. Die empirischen Wissenschaften entstanden gerade nicht als institutionelle Gründung von oben herab, sondern wurden als »Naturphilosophie« von Geistlichen, Staatsbeamten, Lehrern und Privatgelehrten ehrenamtlich betrieben, die sich je nach Neigungen und Möglichkeiten Kenntnisse in Spezialgebieten aneigneten und diese vertieften – und damit wiederum Nachfrage nach entsprechenden Büchern, Vereinigungen und Studiengängen samt Professuren auslösten. Die Zusammenarbeit von Bürgern und Adligen und auch die nicht länger zu ignorierenden Beiträge erster Frauen hatten dabei eine weitergehende, demokratisierende Wirkung, sollten in den empirischen Wissenschaften doch zumindest theoretisch nachvollziehbare Ergebnisse stärker zählen als Macht und Rang. Erst 1834 prägte der oben erwähnte Darwin-Zeitgenosse Whewell in der Rezension eines Wissenschaftsbuches der Autorin (!) Mary Somerville (1780–1872) erstmals das Wort »Scientist – Wissenschaftler« als Bezeichnung für einen empirischen Forscher – oder eben auch eine Forscherin.[12]

Dass sich also Darwin als studierter Theologe ohne Anstellung an einer Universität oder an einem sonstigen Wissenschaftsinstitut als »Naturalist – Naturforscher« betätigte und darin ernstgenommen wurde, entsprach dem dynamischen Geist seiner Zeit. Seine Studienreise auf der HMS Beagle und seine publizierten Reiseberichte galten als Ausweis seiner Kompetenz und Ernsthaftigkeit.

Klingt für heutige Verhältnisse undenkbar? Nach Jahrzehnten elitärer und auch schroffer Abgrenzung gegenüber »Laien« versuchen einige Wissenschaftsbereiche sich auch heute wieder zunehmend »citizen scientists – Bürgerwissenschaftlern« zu öffnen. Sie wollen gerade auch angesichts wachsenden Unverständnisses und Misstrauens damit wissenschaftliches Denken und Arbeiten wieder in der breiteren Gesellschaft verankern und bürgerschaftliches Engagement für die Wissenschaften sowie deren Vermittlung und Akzeptanz fruchtbar machen.[13]

Großbritannien, insbesondere London und Cambridge, bildeten damals die dynamischen Schwerpunkte dieser empirisch-bürgerschaftlichen und wegweisenden Forschungen, die sich aus den Theologien heraus entwickelten. Aber auch in Kontinentaleuropa gelangen regionale Durchbrüche. In »Göttliche Geistesblitze« (2010) erinnerte Eckart Roloff beispielsweise an die entsprechende Rolle von amtierenden Geistlichen – wie Darwin einer hatte werden wollen – für die empirischen Bürgerwissenschaften auf dem Kontinent. So führte der norddeutsche Landgeistliche Hermann Bräß (1738–1797) nicht nur 1786 eine Lokalzeitung zur Unterrichtung der »lieben Landleute, alt und jung« etwa in Fragen der Landwirtschaft ein, mit einem Frauenkopf auf der Titelseite, sondern druckte in dieser fachlich orientierten Publikation auch die ersten Leserbriefe der Geschichte ab – die Mutter des »dialogorientierten Journalismus« wie auch heutiger Onlineforen und Blogkommentare. In Süddeutschland löste der schwäbisch-pietistische Pfarrer und Erfinder Philipp Matthäus Hahn (1739–1790) eine bis heute regional anhaltende Begeisterung für Feinmechanik, Rechenmaschinen und Uhren aus. Wegen seines schon zu Lebzeiten beachtlichen Ruhmes wurde er auch von Goethe und Herzog Carl August von Weimar aufgesucht. Und von der Abtei St. Thomas in Brünn aus begründete der Augustinerabt Gregor Mendel (1822–1884) mit Studien an Erbsen die moderne, auch mathematisch modellierte Genetik.[14]

Eine in Verbundenheit wie Abgrenzung konkret für Darwin in Cambridge besondere Rolle spielte der Theologe und Geologieprofessor Adam Sedgwick (1783–1875), der den Glauben an eine einzige, noachidische Sintflut wegweisend aufgab, sich aber mit der Akzeptanz weiterer, empirischer Befunde – wie später auch mit der Evolutionstheorie – dennoch schwertat. Darwin erinnerte sich in seiner Autobiografie an Exkursionen und Diskussionen mit ihm und hielt besonders eine Szene fest:

»An einer alten Kiesgrube in der Umgebung von Shrewsbury erzählte mir ein Arbeiter, er habe in der Grube ein großes verwittertes Schneckenhaus gefunden, eine tropische Volute, wie man sie manchmal auf Kaminsimsen in Landhäusern sieht; weil er die Volute nicht verkaufen wollte, war ich überzeugt, er habe sie tatsächlich in der Kiesgrube gefunden. Ich erzählte Sedgwick davon, und er sagte sofort (ohne Zweifel über die Richtigkeit seiner Vermutung), jemand müsse sie in die Grube geworfen haben; aber dann fügte er hinzu: Wenn diese tropische Volute wirklich ein Einschluss im Gestein dieser Gegend sei, dann bedeute das eine Katastrophe für die Geologie, weil damit alles über den Haufen geworfen würde, was wir über Oberflächenablagerungen in den Grafschaften der Midlands wüssten. [...] Aber ich war völlig verblüfft, dass Sedgwick über das wunderbare Fakt einer tropischen Schale nahe der Oberfläche in der Mitte Englands nicht begeistert war. Ich hatte zwar die verschiedensten wissenschaftlichen Bücher gelesen, aber mir noch nie wirklich klargemacht, dass Wissenschaft darin besteht, Tatsachen so einander zuzuordnen, dass sich allgemeine Gesetze oder Schlüsse aus ihnen ableiten lassen.«[15]

Von womöglich größter Bedeutung für Darwin war aber der Priester und Botanikprofessor John Stevens Henslow (1796–1861). Darwin erinnerte sich später in seiner Autobiografie an den »Umstand, der mein Leben mehr als alles andere beeinflusst hat. Das war meine Freundschaft mit Professor Henslow.« Kein Lehrer habe die Studierenden so gut unterrichten wie auch zu eigenen Forschungen ermutigen können. Zu seinen Vorträgen und Seminaren seien auch ältere Kollegen geströmt und seine Zusammenkünfte und Exkursionen hätten »tiefe Eindrücke auf alle Beteiligten«

gemacht. Der Student Darwin verbrachte viel Zeit mit ihm, wurde oft zum Abendessen in Henslows Familie geladen und von anderen Universitätsangehörigen als »der mit Henslow läuft« geneckt. Darwin schrieb: »Er war tief religiös und so orthodox, dass er mir sagte, dass er tief traurig wäre, wenn ein einzelner der 39 Artikel [Glaubensartikel der anglikanischen Kirche, Anm. Blume] geändert würde. Seine moralischen Qualitäten waren in jeder Weise bewundernswert.« Darwin und Henslow pflegten ein Leben lang den freundschaftlichen Austausch insbesondere über Fragen der Botanik. Henslow befürchtete durchaus, dass Darwin mit der Betonung der natürlichen Selektion zu weit gehen könnte. Er verteidigte ihn und seine evolutionären Arbeiten aber dennoch öffentlich gegen die Angriffe von Richard Owen (1804–1892), Adam Sedgwick und anderen.[16]

Angeregt durch die Reisebeschreibungen Alexander von Humboldts (1769–1859) stach Darwin am 27. Dezember 1831 mit der HMS Beagle zu einer fünfjährigen Forschungsreise in See, die ihn über Stationen in Südamerika und auf den pazifischen Galapagos-Inseln bis nach Tahiti, Australien, Afrika und den Azoren führte. Ein Leben lang schöpfte Darwin aus den gesammelten geologischen, zoologischen und auch anthropologisch-kulturvergleichenden Beobachtungen, die er bei dieser Fahrt gewonnen hatte. Seine geologischen Notizen umfassten 1383 Seiten, über Zoologie hatte er 368 Seiten verfasst und ein Reisetagebuch von 770 Seiten angelegt. 3907 Häute, Felle, Knochen und Pflanzen sowie 1529 in Spiritus eingelegte Lebewesen gehörten ebenfalls zum Ertrag seiner Reise.[17] Durch Veröffentlichungen zu seiner Fahrt gewann er auch erstmals eine breitere Reputation. Aus dem Jahr 1837 stammt eine Gedankenskizze unter dem Titel »I think – Ich denke«, in der Darwin erstmals einen evolutionären, sich immer weiter verzweigenden Stammbaum entwarf (s. Abbildung).

Charles Darwin – vom Theologen zum Empiriker

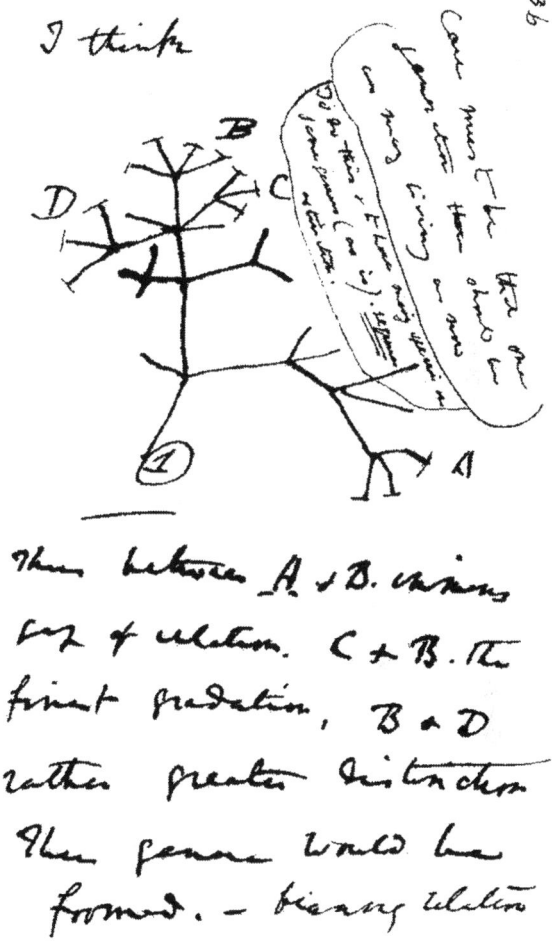

Aus dem gleichen Jahr 1837 stammt auch eine kritzelige Notiz, in der Darwin erkennbar euphorisch überlegt, wozu die entstehende Evolutionstheorie dereinst beitragen könnte:

»Meine Theorie würde Zunder zur vergleichenden Anatomie bei gegenwärtigen und fossilen Formen geben. Sie würde zu Forschungen zu Instinkten, Vererbbarkeit und Vererbbarkeit von Geistesgaben [mind heredity], ganzen Metaphysiken führen. Es würde zur genauesten Untersuchung von Hybridität & Generationenfolgen und zu den Ursachen von Wandel führen, damit wir wissen, aus was wir gekommen sind und wohin wir tendieren, bis zu welchen Umständen Übergänge befördern oder sie verhindern. Dies und die direkte Untersuchung unmittelbarer Strukturübergänge in Arten könnte zu Gesetzen des Wandels führen, die dann das Hauptobjekt der Studien wären und unsere Spekulationen leiten würden.«[18]

Hier wird die Breite der frühen, empirischen wie auch »metaphysischen« Interessen Darwins ebenso deutlich wie der junge Überschwang, der die Gebirge empirischer Arbeiten, Kritiken und Rückschläge noch nicht ahnte. Glücklicherweise, wie man anerkennen wird.

An Bord der Beagle hatte Darwin auch drei aus Feuerland verschleppte Kinder kennengelernt, darunter Jemmy Button, dessen trotz allem lebenslustiger Charakter Darwin berührte. Michael Ende würde über ein Jahrhundert später mit den Geschichten von Jim Knopf diesem unfreiwilligen Reisegefährten ein literarisches und anti-sozialdarwinistisches Denkmal setzen (vgl. Kap. 2.1). Nach der Rückkehr gelang Darwin durch Lektüre des Essays vom »Bevölkerungsgesetz« (1798) des Theologen und Ökonomen Thomas Robert Malthus (1766–1834) ein deutlicher wissenschaftlicher Fortschritt hin zur Formulierung der natürlichen Selektion. Dieser hatte aus dem vermeintlich unweigerlichen Bevölkerungszuwachs und ebenso unvermeidlichen Nahrungsmangel ein »Gesetz« des Ringens ums Dasein und der Auswahl abgeleitet. In einem interessanten Paradox glaubte Darwin Malthus inhaltlich, ohne zu reflektieren, dass er selbst sich durchaus anders verhielt. In seiner Familie gab es viele Fälle bewusster Ehe- und Kinderlosigkeit, und er selbst wog diese Fragen für sich ab. So beschrieb er 1838 dazu ein der Nachwelt erhaltenes Blatt Papier mit Pro- und Contra-Argumenten, in dem er auch noch Gott – pro Familie und Kinder – schriftlich anrief. Den Beschluss zur Ehe setzte Charles um und hielt um die Hand seiner Cousine Emma Wedgwood an, mit der er lebenslang glücklich verbunden blieb und die ihm insgesamt zehn Kinder schenkte.[19] Auch seine Frau brachte Vermögen in den Haushalt ein, sodass Darwin sein Leben als schreibender Privatgelehrter fortsetzen konnte.

Ab 1842 arbeitete Darwin an seiner Version der Evolutionstheorie, die über bereits vorliegende »Transmutationslehren« etwa von Jean Baptiste de Lamarck (1744–1829) oder Robert Chambers (1802–1871) hinausgehen sollte. 1844 erläuterte er in einem Brief an seinen Kollegen und Freund Sir Joseph Dalton Hooker (1817–1911) seine wachsende Auffassung von der Veränderbarkeit der Arten, was sich anfühle, »wie einen Mord zu gestehen«.[20]

1854 erhielt er für seine Arbeiten zur Klassifikation von Tieren (Taxonomie) die Royal Medal, eine versilberte Medaille der wissenschaftlichen Royal Society. 1858 erreichte ihn ein Aufsatz von Alfred Russel Wallace (1823–1913) von der Molukken-Insel Ternate, in dem dieser – ebenfalls nach der Lektüre von Malthus' »Bevölkerungsgesetz« – die Theorie der natürlichen Selektion ausgearbeitet hatte. Darwin befürchtete nun, dass er zu lange gezögert hatte und Wallace die Entdeckung für sich beanspruchen konnte. In einem Brief an Hooker, der ihm Hilfe angeboten hatte, drückte er seine Verzweiflung aus: »Ich meine, es ist alles zu spät. Mich kümmert es kaum noch. [...] Ich fühle mich schäbig, dass mich Rangfolgen überhaupt kümmern. [...] Ich werde alles tun. Gott segne Dich, mein lieber Freund. Ich kann nicht mehr schreiben.«[21]

In einem von Hooker und Sir Charles Lyell (1797–1875) ausgearbeiteten »delicate arrangement« vom 1. Juli 1858 wurden Texte von Wallace und Darwin nacheinander vor der wissenschaftlichen Linnean Society verlesen. Mit Auszügen aus einem Brief Darwins an den US-amerikanischen Botaniker Asa Gray (1810–1888) wurde zugleich betont, dass Darwin die Entdeckung vor Wallace gemacht und nur noch nicht veröffentlicht habe. Der gelernte Landvermesser, kaum vernetzte und wenig begüterte Wallace akzeptierte den Vorrang des angesehenen und wohlhabenden Privatgelehrten und wurde dafür nicht nur mit Darwins lebenslanger Freundschaft, sondern später auch mit Empfehlungen für beruflich-finanzielle Ehrungen belohnt.[22] Am 22. November 1859 erschien die erste Auflage der »Entstehung der Arten« von 1250 Exemplaren, die Darwin als »Zusammenfassung« seiner Theorie verstand und die noch am Erscheinungstag vergriffen war.

Zu den ersten Rückmeldungen auf versandte Vorabexemplare – vier Tage vor dem offiziellen Erscheinen – gehörte ein begeisterter Brief des Priesters, erfolgreichen Buchautors und späteren Geschichtsprofessors Charles Kingsley (1819–1875), der Darwin dafür dankte, ihm mit seinem Buch zu einem höheren Verständnis der göttlichen Schöpfung verholfen zu haben. Darwin war überglücklich und erleichtert, nahm dieses Schreiben von Kingsley in das Schlusswort späterer Ausgaben der »Entstehung der Arten« auf – und fügte den eingangs zitierten Schlusssatz hinzu.[23] Nicht also Lug, Druck oder Betrug, sondern die Bestätigung und Erleichterung, dass auch prominente Theisten (Gottglaubende) seine Theorien akzeptieren und unterstützen konnten, bewog Darwin also zu diesem Schritt.

Und Verbündete konnte Darwin gerade in den ersten Jahren brauchen, denn nicht alle Reaktionen fielen so freundlich aus. Sein ehemaliger Lehrer Adam Sedgwick lehnte, trotz der bleibenden Freundschaft mit Darwin, die Evolutionstheorie ein Leben lang strikt ab und attackierte sie auch öffentlich. So kritisierte er in einem Schreiben an Darwin die »Entstehung der Arten« scharf und argumentierte, dass die Verabsolutierung der »physischen Natur« deren ebenfalls vorhandene »moralische und metaphysische« Seite bedrohen und der Menschheit »Schaden zufügen« sowie sie »brutalisieren« werde.[24]

Während sich schnell öffentliche und emotionale Debatten um die Evolutionstheorie entwickelten und eine Flut von Schriften und Büchern aus evolutionärer wie auch evolutionskritischer Sicht einsetzten, zog sich Darwin zunächst wieder in sein Leben als Privatgelehrter zurück und veröffentlichte Werke zur Variation und Zucht von Pflanzen (1862, 1868) sowie über Schlingpflanzen (1867).

Mit »Die Abstammung des Menschen und die geschlechtliche Zuchtwahl« (1871) und dem »Ausdruck der Emotionen bei Menschen und Tieren« (1872) griff er schließlich doch noch in die bereits tobenden Debatten ein. Er beantwortete Fragen, ob auch die höheren kulturellen und geistigen Fähigkeiten des Menschen wie Sprache, Moral und Religion evolutionär entstanden seien. 1876 gab er mit der sechsten die letzte von ihm selbst bearbeitete und korrigierte Auflage der »Entstehung der Arten« frei. 1875 erschien sein Buch über »insektenfressende Pflanzen«, 1877 über Blütenformen und 1880 über das »Bewegungsvermögen von Pflanzen«. Sein letztes Buch erschien 1881 und behandelte »Die Bildung der Ackererde durch die Tätigkeit der Würmer«. Dieses Werk fasste Jahrzehnte seiner empirischen Forschungen an Regenwürmern zusammen. Die Flut seiner Publikationen und Briefe begann zu versiegen.

In der Nacht vom 18. auf den 19. April 1882 verschlechterte sich Darwins ohnehin angegriffener Gesundheitszustand dramatisch. Er versicherte seiner Frau Emma, seiner Tochter Etty und seinem Sohn Francis, dass er »den Tod nicht im geringsten fürchte«. Darwin starb am Nachmittag des 19. April 1882. Sein Sohn Francis schloss die Schilderung des Lebens seines Vaters mit einer Notiz, die dieser selbst 1879 seiner Autobiografie hinzugefügt hatte:

»Was mich selbst angeht, so glaube ich, dass ich richtig gehandelt habe, der Wissenschaft stetig zu folgen und ihr mein Leben zu widmen. Ich fühle keine Schuld für das Begehen irgendeiner großen Sünde [any great sin], aber habe wieder und wieder bedauert, nicht mehr direkt Gutes für meine Mitgeschöpfe [fellow creatures] getan zu haben.«[25]

Gerne hätte ihn seine Familie einfach in Downe beerdigt, doch eine Gruppe von zwanzig Parlamentsabgeordneten hatte sich bereits mit einer Petition für eine ehrenvolle Bestattung Darwins in der Westminster Abbey ausgesprochen. Zu den zehn Sargträgern, die ihm am 26. April das letzte Geleit unter großer, auch internationaler Anteilnahme in die eindrucksvolle Ehrenabtei der anglikanischen Staatskirche gaben, gehörten Freunde und Weggefährten wie Alfred Russel Wallace, Thomas Henry Huxley (1825–1895), Sir Joseph Dalton Hooker, der amerikanische Botschafter und Literat James Russell Lowell (1819–1891) sowie die Herzöge von Argyll und von Devonshire. Darwins Grab befindet sich unweit des von ihm so verehrten Sir Isaac Newton (1643–1727).[26]

Darwins Frau Emma bewahrte seine Dokumente und Briefe auf und starb vierzehn Jahre später, am 1. Oktober 1896.[27] Ihr gemeinsamer Sohn Francis Darwin, ihre Tochter Etty Darwin, ihre Enkelin Nora Barlow und der Urenkel Randal Keynes machten sich mit Publikationen von Darwins Autobiografie und weiterem Material um ein immer differenzierteres Verständnis des Gelehrten verdient.

Einige Jahre nach seinem Tod kamen Gerüchte auf, Darwin habe sich kurz vor seinem Tod zum christlich-frommen Glauben seiner Jugend rückbekehrt und die Evolutionstheorie bedauert. Seine Familie bestritt dies – und tatsächlich ist kaum anzunehmen, dass Darwin einen solchen Schritt anderen mitgeteilt, aber ausgerechnet vor seiner lebenslang gläubigen Frau Emma verheimlicht hätte. Diese aber hätte erst recht kein Motiv gehabt, eine grundlegende Bekehrung ihres Gatten zu verleugnen. Zwar gewannen religiöse und philosophische Fragen in seinem letzten Lebensjahr für ihn tatsächlich noch einmal an Relevanz (vgl. Kap. 1.5 und 3), doch ist nicht mehr genau rekonstruierbar, was zuletzt geschah. Und es gibt ohnehin eine Grenze der Erfahrung, hinter die Beobachter und Biografen nicht gehen können und sollten. Seine ihn bis zum Tode pflegende Tochter Etty erinnerte sich an seine letzten Stunden schlicht mit den Worten: »Oft rief er: ›O Gott, o Gott der Herr‹, aber ich glaube, das zeigte nur, wie sehr er litt.«[28]

1.2 Darwin und der Gottesglaube

Wie aber hielt es der studierte Theologe und spätere Naturforscher Darwin denn nun mit der Religion? Als junger Mann und während seiner Forschungsreisen auf der Beagle war er sehr fromm und orientierte sich lange an der »natürlichen Theologie« Paleys. In seiner Autobiografie erinnerte er sich, dass er Paleys Naturtheologie vertrat und die Offiziere der Beagle – obgleich selbst religiös – über seine eifrigen Bibelzitate lachten.[29] Wissenschaft betrieb er an der Seite herausragender Theologen und erlebte, dass viele seiner engsten Weggefährten und Mitentdecker wie Charles Kingsley, Alfred Russel Wallace oder Asa Gray kein Problem darin sahen, die Evolutionstheorie mit der Vorstellung eines schöpferischen Gottes zu verbinden. Darwins dennoch wachsende Glaubenszweifel hingen nach seiner eigenen, vielfachen Auskunft vor allem mit drei Problemen zusammen:

1. mit dem Problem empirischer Erkenntnis. Darwin erlebte, dass sich aus empirischer Forschung die Widerlegung spezifischer Glaubensaussagen, aber kein sicheres Wissen über Gott erzielen lasse.
2. mit dem Theodizee-Problem. Hatten Vorgänger wie Paley und Malthus das Leid in der Welt noch als notwendige Übel für höhere Güter betrachtet, so reichte Darwin dieses Argument – gerade auch im Hinblick auf das Leiden von Tieren – nicht aus.
3. Christlich-fundamentalistische Lehren des Heilsexklusivismus ausschließlich für die Rechtgläubenden, die u. a. seinen Vater und Bruder zur Hölle verdammt hätten, erschienen ihm völlig inakzeptabel.

Zu den wichtigsten Freunden und evolutionären Kollegen Darwins gehörte der schon erwähnte Amerikaner Asa Gray. Der engagierte Christ, Botaniker und spätere Professor der Naturgeschichte unterstützte Darwins Forschungen und Theorien von Anfang an. Einer der vielen Briefe Darwins an Gray vom 5. September 1857 hatte bereits die Grundgedanken der Evolutionstheorie enthalten und war beim »delicate arrangement« in Auszügen verlesen worden, um Darwins

Charles Darwin – vom Theologen zum Empiriker

Anspruch auf die Entdeckung der Evolutionstheorie vor Wallace zu untermauern.[30] 1860 schrieb Darwin Gray einen Brief, in dem er ihm die Umrisse seiner religiösen Position vorstellte, zu denen er gefunden hatte und bei denen er im Wesentlichen bleiben würde:

»Im Hinblick auf die theologische Sicht der Frage; dies ist mir immer schmerzhaft. – Ich bin verunsichert. – Ich hatte nicht die Absicht, atheistisch zu schreiben. Aber ich räume ein, dass ich nicht sehen kann, nicht so klar, wie andere es tun und wie ich es wünschen sollte zu tun, dass es Beweise für Design und Güte auf allen Seiten um uns gebe. Es scheint mir zu viel Elend in der Welt zu geben. Ich kann mich nicht dazu überreden, dass ein gütiger und allmächtiger Gott mit Absicht die Ichneumonidae [Schlupfwespen, Anm. Blume] erschaffen haben würde mit dem ausdrücklichen Auftrag, sich im Körper lebender Raupen zu ernähren, oder dass eine Katze mit Mäusen spielen sollte. Dies nicht glaubend sehe ich auch keine Notwendigkeit zu glauben, dass das Auge ausdrücklich designt worden sei. Auf der anderen Seite kann ich in keiner Weise zufrieden sein, dieses wundervolle Universum und besonders die Natur des Menschen zu betrachten und zu schließen, dass alles nur das Resultat roher Kraft sein sollte. Ich tendiere dazu, alles als aus designten Gesetzen resultierend zu betrachten, deren Details, ob gut oder schlecht, dem zur Ausarbeitung überlassen wurde, was wir Zufall nennen. Nicht dass diese Haltung mich vollständig befriedigen würde. Ich empfinde sehr stark, dass dieses ganze Thema zu schwierig für den menschlichen Intellekt ist. Ein Hund könnte ebenso über den Geist Newtons spekulieren. – Lasst jeden Menschen hoffen und glauben, was er kann.«[31]

[handschriftliche Notiz: warum gibt es Leid in der Welt ?]

Hier wird auch wieder das Mitgefühl Darwins deutlich, dass sich sogar auf Raupen erstreckt. Ihn beschäftigten dabei nicht nur isolierte Einzelbeobachtungen, vielmehr hatten er und Wallace die Evolutionstheorie aus der Perspektive des malthusianischen Bevölkerungsgesetzes entfaltet. Der spätere Ökonomieprofessor Thomas Robert Malthus hatte als Pfarrer einer von Hunger, Armut und Überbevölkerung gezeichneten Landgemeinde jede Hoffnung verloren, etwa durch Mildtätigkeit die Situation grundlegend verbessern zu können. Stattdessen entwickelte er eine zunehmend pessimistische Weltsicht – mit gravierenden Folgen. In seinem »Bevölkerungsgesetz« vertrat er die später als »Malthusianismus« bezeichnete Theorie, wonach sich die Tragfähigkeit einer (Agrar-)Wirtschaft bestenfalls linear weiterentwickeln könne. Pflanzen, Tiere und Menschen vermehrten sich dagegen, wo immer man sie ließe, exponentiell, sodass der Konflikt um die knappen, endlichen Ressourcen – der Kampf ums Überleben! – immer wieder unvermeidlich wäre.

Dieser Gedanke wirkte in den Worten des Historikers Karl Polanyi bereits vor der Evolutionstheorie als »eine Philosophie der weltlichen Verdammnis«. Die Erde erschien nach Malthus »naturgesetzlich« als ein Ort des Elends und der gnadenlosen Konkurrenz. Die barmherzig Handelnden erschienen dagegen nicht nur als naiv, sie vergrößerten das vorhandene Leid sogar noch, indem sie zum Aussterben vorgesehenen Lebewesen Überleben und auch noch weitere Fortpflanzung ermöglichten. Der Reiche, der sich auch innerlich gegen das Elend der Armen abschottete, handelte dagegen nun moralisch! Polanyi charakterisierte die Folgen: »An die Stelle der traditionellen Gesellschaft trat nun auf Seiten der Wohlhabenden die Ablehnung jeglichen Verantwortungsgefühls für die Mitmenschen. [...] Zur Verblüffung der denkenden Menschen zeigte es sich, dass unerhörter Reichtum von unerhörter Armut nicht zu trennen war. Gelehrte erklärten einhellig, man habe eine Lehre entdeckt, welche die Gesetzmäßigkeiten, welche die Welt des Menschen bestimmen, außer Zweifel stellte. Im Namen dieser Gesetzmäßigkeiten wurde das Mitgefühl aus den Herzen getilgt, und eine stoische Entschlossenheit, die menschliche Solidarität im Namen des größten Glücks für die größte Zahl aufzugeben, erhielt den Rang einer weltlichen Religion.« Malthus wurde zu einem gefeierten Helden und Professor der entstehenden Ökonomie. Zu seinen ersten Forderungen gehörte die Abschaffung der entstehenden staatlichen Armenfürsorge, die laut Malthus doch nur die Zahl der Elenden erhöhen würde. Das Parlament folgte ihm darin im Jahr seines Todes 1834, während Darwin noch auf der HMS Beagle reiste.[32]

Malthus selbst und auch Paley hatten das Bevölkerungsgesetz als »notwendiges Übel« verstanden, durch das Gott höhere Güter – wie die menschliche Moral – ermögliche. Aber Darwin gab sich damit nicht zufrieden. Ihn stürzte die Übernahme des Malthusianismus in Konflikte, die er in seiner »Abstammung des Menschen« auch ausdrückte. So schrieb er einerseits vom moralisch »veredelnden Glauben an Gott« und würdigte die auch biblische Goldene Regel (z. B. Matthäus 7,12 und Lukas 6,31) als »Grundstein der Moralität.«[33]

Andererseits aber erschien ihm die malthusianische Logik als unausweichlich, die später maßgeblich zur Blüte des Sozialdarwinismus beitrug und erst nach Darwins Tod durch Alfred Russel Wallace überwunden wurde (vgl. Kap. 2.1). Und so hielt Darwin eben auch fest: »Wie jedes andere Tier ist auch der Mensch ohne Zweifel auf seinen gegenwärtigen hohen Zustand durch einen Kampf um die Existenz in Folge seiner rapiden Vervielfältigung gelangt, und wenn er noch höher fortschreiten soll, so muss er einem heftigen Kampf ausgesetzt bleiben. Im andern Fall würde er in Indolenz versinken und die höher begabten Menschen würden im Kampfe um das Leben nicht erfolgreicher sein als die weniger begabten.«[34] An seinen Vertrauten Hooker hatte Darwin dazu bereits 1856 geschrieben: »Welch ein Buch könnte ein Kaplan des Teufels über die ungeschickten, verschwenderischen, stümperhaft gemeinen und schrecklich grausamen Werke der Natur schreiben!«[35]

Immer wieder kehrte Darwin zu diesem Thema zurück und machte sich beispielsweise Gedanken darüber, ob es in der Welt der Tiere und Menschen mehr Freude oder Leid gebe. Er kam zu dem Ergebnis, dass die Freude insgesamt überwiege, denn leidvolle Erlebnisse würden auf Dauer auch bei Tieren »Depression verursachen [causes depression]« und allenfalls taugen, um »eine Kreatur wachsam gegenüber allen großen oder plötzlichen Übeln« zu machen. Dagegen sei Freude [»pleasure«] geeignet, als »gewohnheitsmäßiger Führer« erfolgreiche Tätigkeiten zu fördern, beispielsweise »Übungen des Körpers oder Geistes«, »den Genuss täglicher Mahlzeiten« und »die Liebe zu unseren Familien«. In der Summe ergebe sich daher »ein Überschuss des Glückes über das Leid, obgleich viele gelegentlich sehr leiden«. Das malthusianische Argument, dass das Leid durch Prüfungen und Verbesserungen der Moral gerechtfertigt sei, wies Darwin jedoch zurück: »Aber die Zahl der Menschen in der Welt ist nichts im Vergleich zu allen anderen empfindenden Wesen, und diese leiden oft sehr ohne irgendeine moralische Verbesserung.«[36]

Wie auch in seinem späteren Werk über den Ausdruck der Emotionen bei Tieren und Menschen bestand Darwin also nicht nur auf der engen Vergleichbarkeit tierischer und menschlicher Empfindungen, sondern auch auf ihrer jeweiligen Bedeutung. Spätere reduktionistische Verhaltensforscher etwa des Behaviorismus und Neodarwinismus fielen jedoch wieder hinter diese Annahme zurück, sodass bis heute Tieren Gefühle abgesprochen und erbitterte Debatten über Gefühle, Würde und Anthropomorphismus (übertragene Vermenschlichung) geführt werden.[37]

Für Darwin blieb erlebtes Unheil aber keine abstrakte, nur bei Tieren oder in fernen Ländern zu beobachtende Realität. Er selbst litt unter einer schwachen Konstitution und oft langen, schweren Krankheitsphasen. Viel ist über das »delicate arrangement« geschrieben worden, bei dem seine und Wallace' Texte am 1. Juli 1858 gemeinsam in der Linnean Society in London vorgestellt wurden. Selten wird aber erwähnt, warum Darwin bei dieser für ihn so wichtigen Präsentation nicht anwesend sein konnte: Er trug an jenem Tage seinen mutmaßlich mit dem Down-Syndrom geborenen Sohn Charles Waring zu Grabe, der im Alter von gerade einmal fünf Jahren wahrscheinlich an Scharlach gestorben war.[38] Sein Sohn war nicht das erste Kind, das die Familie verlor: Ihre 1842 geborene Tochter Mary Eleanor wurde nur wenige Wochen alt. Besonders tief traf den Gelehrten jedoch der qualvolle Tod seiner ersten und ihm besonders nahe stehenden Tochter Annie, die 1851 im Alter von zehn Jahren qualvoll verstarb. Darwin verbrachte Stunden, Tage und Nächte an ihrem Bett, was wir auch deshalb wissen, weil tägliche – beklemmend zu lesende – Notizen von ihm zu ihrem Zustand, Schmerzen, Weinen und kleinen Besserungen erhalten sind.[39] Nach dem Leiden und Sterben von Annie nahm Darwin nicht mehr an den Sonntagsgottesdiensten teil, sondern begleitete seine Familie nur noch bis an die Kirchentür.[40]

Verlust der Kinder

Gegenüber einem Cousin und später auch gegenüber seinem Freund Hooker thematisierte der oft erkrankte Darwin zudem seine Befürchtungen, seinen Kindern die schwache Gesundheit »vererbt« zu haben. Gerade sein wissenschaftlich-evolutionäres Denken ließ ihn befürchten, am Leiden seiner Kinder auch noch mitschuldig gewesen zu sein![41]

Ablehnung von Heilsexklusivismus

Auch die Jenseitsversprechen seiner Zeit, die oft mit Höllendrohungen garniert waren, vermochten Darwin keinen Trost spenden. In Großbritannien herrschte bereits relativ viel Religionsfreiheit, und es hatte sich ein intensiver Wettbewerb wetteifernder Kirchen entwickelt. Es mangelte nicht an Christen, die mit Berufung auf die Bibel fest davon überzeugt waren, dass nur gläubige Christen dereinst Gnade vor dem himmlischen Gericht finden würden, Anders- oder gar Nichtglaubende dagegen verloren wären. Auch in Downe spaltete sich eine später baptistische Gemeinde von der anglikanischen Kirche ab, in der auch Darwins langjähriger Gärtner und Mitarbeiter von 1854 bis 1872, Henry Lexington, als Diakon wirkte. Die sich fromm voneinander abgrenzenden Christen »sorgten« sich prompt auch um das Seelenheil der je Anders- oder gar Nichtglaubenden.[42] In seiner Autobiografie formulierte Darwin seine Empörung über diese exklusiven Heilsansprüche:

»Ich kann kaum sehen, wie es jemand wünschen würde, dass das Christentum die Wahrheit sei; denn wenn das so wäre, schiene die eindeutige Sprache des Textes zu zeigen, dass die Menschen, die nicht glauben, auf ewig bestraft würden, und das würde meinen Vater, meinen Bruder

Charles Darwin – vom Theologen zum Empiriker

und fast alle meiner besten Freunde betreffen. Und das ist eine verdammenswerte Lehre.«[43]

Darwins Frau Emma nahm Anstoß an dieser Formulierung, wenn sie seine Ablehnung des Heilsexklusivismus auch teilte. So notierte sie nach seinem Tod bei Durchsicht seines Nachlasses: »Ich sollte es missbilligen, sollte dieser Absatz veröffentlicht werden. Er scheint mir sehr roh [raw] zu sein. Nichts kann zu deutlich über die Lehre ewiger Strafe für Unglauben gesagt werden – aber nur sehr wenige würden das heute ›Christentum‹ nennen. (Obgleich die Worte da sind.) Auch kommt hier die Frage der Verbalinspiration hinzu. E. D. Oktober 1882«. Ihr gemeinsamer Sohn Francis nahm die Passage aus seiner frühen Ausgabe der Autobiografie seines Vaters entsprechend heraus, und erst Nora Barlow fügte sie 1958 – mit der Notiz Emmas – wieder hinzu.[44]

Zudem erinnerte sich Darwin, schon bei der Fahrt auf der Beagle darüber nachgedacht zu haben, dass es neben der Bibel doch auch andere heilige Bücher, etwa der Hindus, gebe. Dass Gott aber Offenbarung auch mit dem Glauben an »Vishnu, Shiva etc.« verbinden könnte, erschien ihm damals »völlig undenkbar [utterly incredible].« Warum also sollte da die eigene Tradition glaubwürdiger sein?[45]

Empirie und Offenbarung

Neben den scharfen Anfragen wegen des Leidens in der Welt, des vermeintlich ausweglosen Malthusianismus und des von vielen Christen vertretenen Heilsexklusivismus führte Darwin zunehmend an, dass es keine empirischen Belege für die Existenz Gottes gebe. Seine Frau Emma war eine engagierte Unitarierin, die ein liberales und den Wissenschaften aufgeschlossenes Christentum vertrat. Bereits während der Verlobung hatten sie immer wieder über Glaubensfragen diskutiert, und kurz nach ihrer Hochzeit schrieb sie im Februar 1839 an ihren Mann:

>»Es scheint mir, dass die Richtung deiner Forschungen dich dazu geführt haben könnte, Probleme vor allem auf einer Seite zu sehen, und dass du nicht die Zeit hattest, die Probleme der anderen zu erwägen und zu studieren. Aber ich glaube, dass du deine Meinung noch nicht als endgültig ansiehst. Möge die Gewohnheit, in wissenschaftlichen Bestrebungen nichts zu glauben, bis es bewiesen ist, deinen Geist nicht in anderen Dingen zu stark beeinflussen, die nicht auf die gleiche Weise bewiesen werden können und die, wenn sie wahr sind, wahrscheinlich unser Verständnis übersteigen würden. Ich möchte auch meinen, dass es eine Gefahr dabei gibt, Offenbarung zu leugnen, die nicht auf der anderen Seite existiert, nämlich die Furcht der Undankbarkeit, alles wegzuwerfen, was für dein Wohl und für das der gesamten Welt getan wurde, die dich vorsichtiger machen sollte, vielleicht sogar ängstlich, nicht alle Schmerzen auf dich genommen zu haben, die du konntest, um wahrhaft zu urteilen.«[46]

Tatsächlich behauptete Darwin auch später nicht, dass evolutionäre und empirische Forschung alle philosophischen und theologischen Fragen beantworten könnte. In einem Brief an den Botaniker Henry Nicholas Ridley (1855–1956) betonte er 1878, dass Dr. Edward Pusey, einer seiner theologischen Kritiker, ihn falsch verstanden habe, indem er »irrtümlich annahm, dass ich die Entstehung [der Arten] mit irgendeinem Bezug zur Theologie geschrieben habe.« Stattdessen sei damals »mein Glauben in was man einen persönlichen Gott nennt so stark wie der von Dr. Pusey selbst gewesen. Und was die Ewigkeit der Materie betrifft, so habe ich mich nie mit solchen unlösbaren Fragen geplagt.«[47]

Erst in seiner »Abstammung des Menschen« von 1871 verknüpfte Darwin empirische und theologische Fragen etwa nach Gottesglauben, Moral und Fortschritt. So betonte er einerseits, dass auch die Religion ein erfolgreiches Merkmal des Evolutionsprozesses sei (vgl. Kap. 2.1), gleichzeitig jedoch unterstrich er, dass gerade kein Urmonotheismus oder Hochgötterglaube am Anfang gestanden habe und also religiöse Erfahrungen alleine kein Argument für Gottes Existenz seien:

»Der Glaube an Gott ist häufig nicht bloß als der größte, sondern als der vollständigste aller Unterschiede zwischen dem Menschen und den niederen Tieren vorgebracht worden. Wie wir indessen gesehen haben, ist es unmöglich zu behaupten, dass dieser Glaube beim Menschen angeboren oder instinktiv sei. Andererseits scheint ein Glaube an alles durchdringende, spirituelle Wesenheiten [spiritual agencies] allgemein zu sein und scheint eine Folge des beträchtlichen Fortschritts in den Fähigkeiten der Einbildung, der Neugierde und des Bewunderns zu sein. Ich weiß sehr wohl, dass der vermeintlich instinktive Glaube an Gott von vielen Personen als Beweismittel für das Dasein Gottes selbst benutzt worden ist. Dies ist aber ein voreiliger Schluss, da wir darnach auch zu dem Glauben an die Existenz vieler grausamer und böswilliger Geister getrieben würden, die nur wenig mehr Kraft als der Mensch selbst besitzen. Denn der Glaube an diese ist viel allgemeiner als der an eine liebende Gottheit. Die Idee eines universellen und wohlwollenden Schöpfers des

Weltalls scheint im Geiste des Menschen nicht eher zu entstehen, als bis er sich durch lange fortgesetzte Kultur emporgearbeitet hat.«[48]

In seiner Autobiografie beschrieb Darwin schließlich den langsamen Verlust seines persönlichen Glaubens:

»Aber ich wollte sehr an meinem Glauben festhalten. Ich bin mir dessen sicher, da ich mich gut erinnern kann, wieder und wieder Tagträume erfunden zu haben über alte Briefe zwischen bedeutenden Römern, und Manuskripte, entdeckt in Pompeji oder sonst wo, die in der überzeugendsten Weise alles bestätigten, was in den Evangelien beschrieben war. Aber ich fand es schwieriger und schwieriger, meiner Einbildungskraft freien Lauf lassend, Beweise zu erfinden, die mich überzeugen würden. So kam der Unglaube sehr langsam über mich, war aber schließlich vollständig. Dies ging so langsam, dass ich keine Verzweiflung spürte.«[49]

Im hohen Alter soll Darwin in einem Gespräch bemerkt haben, dass er seinen Glauben »erst im Alter von vierzig Jahren aufgegeben« habe. Tatsächlich lasen er und seine Frau Emma 1848 »The Evidence of the Genuineness of the Gospels« des unitarischen Theologen Andrews Norton, in dem dieser Befunde der historisch-kritischen Bibelforschung behandelte. Emma half es nach eigenen Angaben, mit Bibelstellen zurechtzukommen, die sie betrübt hatten. Darwin schätzte das Buch auch, doch bestärkte es seine Zweifel an der empirischen Haltbarkeit der Überlieferungen. Im gleichen Jahr starb auch sein Vater. Im Februar 1849 wurde Darwin vierzig Jahre alt und kurz darauf folgte der Tod seiner Tochter Annie.[50]

Auch danach beschäftigten Darwin religiöse Fragen weiter, und 1871 abonnierte er die »freireligiöse« Zeitschrift »The Index« des US-amerikanischen Reformgeistlichen Francis Ellingwood Abbot (1836–1903), mit dem er sich auch brieflich austauschte. Dessen Bitte um eigene Artikel lehnte er jedoch mit dem Hinweis auf seine Gesundheit ab. Zudem erklärte Darwin, er habe »nie systematisch viel über Religion im Verhältnis zur Wissenschaft nachgedacht, oder über Moral im Verhältnis zur Gesellschaft; und ohne mich beständig und längerfristig mit solchen Fragen befasst zu haben, bin ich nicht in der Lage, etwas zu schreiben, das es wert wäre, an The Index gesendet zu werden.«[51]

Kritisch sah Darwin jedenfalls den populären Spiritismus, über den auch Weggefährten wie Alfred Russel Wallace wissenschaftlichen Zugang zu jenseitigen Realitäten zu erlangen hofften. Nachdem er gemeinsam mit seiner Frau Emma 1874 an einer von seinem Bruder Erasmus ausgerichteten Seance eines bezahlten Mediums teilgenommen hatte, schrieb er an seinen alten Freund Hooker: »Gott sei uns gnädig, wenn wir an solches Zeug zu glauben haben.«[52]

John Brodie-Innes und Darwins Engagement für die Kirche

Mit der Feststellung, dass Darwin nie formell aus »seiner« anglikanischen Kirche ausgetreten ist – mit der seine Frau Emma als Unitarierin durchaus nicht in allen Lehrfragen einer Meinung war – wird man der komplexeren, kritisch-konstruktiven Verbundenheit des Privatgelehrten nicht gerecht. Diese manifestierte sich vor allem in der lebenslangen Freundschaft der Darwins mit John Brodie-Innes (1815–1894), der von 1846 bis 1869 in Downe genau das

Amt ausübte, das Charles Darwin einst angestrebt hatte: das des Landgeistlichen.

Darwin engagierte sich mit Innes und auch nach dessen Umzug nach Schottland in zwei lokalen Hilfsorganisationen und einem Sparverein für Ärmere (von dem er den Vorsitz von Innes übernahm) sowie im Schulausschuss und spendete auch selbst. Emma war ebenfalls im Umfeld der Kirchengemeinde ehrenamtlich tätig. Während Innes' Vakanz korrespondierten er und Darwin über Schwierigkeiten mit zwei umstrittenen Vertretern. Der fromme Pfarrer verteidigte wiederum Darwin gegen Kritiker aus der Kirche und betonte, dass er ihn nie als »religionsfeindlich« erlebt habe. Auch wenn sie über die Evolutionstheorie debattiert hätten, so habe Darwin erklärt: »Sie sind ein Theologe, ich bin ein Naturforscher, das sind verschiedene Linien. Ich möchte Fakten entdecken, ohne zu berücksichtigen, was in der Genesis geschrieben steht. Ich attackiere Moses nicht, und ich glaube, Moses kann auf sich selbst aufpassen.«

Als im September 1881 die beiden erklärten Atheisten Dr. Edward Aveling und Ludwig Büchner zu Besuch kamen, um den Wissenschaftler für ihre Sache zu gewinnen, hatten die Darwins auch Innes zur Diskussion geladen. Dabei habe Darwin dann schmunzelnd erklärt: »Brodie Innes und ich sind seit dreißig Jahren enge Freunde, und wir haben nie bei einem Thema völlig übereingestimmt, außer einmal: Da haben wir uns beide angeschaut und gedacht, einer von uns müsse wirklich krank sein.«[53]

Darwin »mehr und mehr« Agnostiker

Darwins Sohn Francis, der bei diesem Gespräch ebenfalls anwesend gewesen war, kommentierte eine Publikation Avelings zu diesem Gespräch mit seinem Vater wie folgt:

> »Dr. Aveling versuchte zu zeigen, dass die Begriffe ›Agnostiker‹ und ›Atheist‹ praktisch gleichbedeutend wären – dass ein Atheist jemand ist, der, ohne die Existenz Gottes zu leugnen, ohne Gott ist, insofern er von der Existenz einer Gottheit nicht überzeugt ist. Die Antworten meines Vaters zeigten seine Präferenz für die nichtaggressive Haltung eines Agnostikers. Dr. Aveling scheint das Fehlen von Aggressivität in den Ansichten meines Vaters als unwesentlichen Unterschied zu seinen gesehen zu haben. Aber nach meinem Urteil sind es genau Differenzen dieser Art, die ihn [Charles Darwin] so vollständig von der Klasse von Denkern [class of thinkers] unterscheiden, zu der Dr. Aveling gehört.«[54]

Schauen wir uns die am Anfang dieses Kapitels zitierte Aussage Darwins noch einmal genau an, so werden wir feststellen, dass sie sehr viel differenzierter ist, als manche(r) vor lauter Erregung wahrnahm. Charles Darwin behauptete gar nicht, selbst an einen Schöpfergott zu glauben. Er erkannte jedoch an, dass »Erhabenes um diese Auffassung des Lebens [grandeur in this view of life]« sei. Und diese Position hatte er auch nicht unter Druck vertreten, sondern ein Zitat von Charles Kingsley eingefügt, das bis heute andauernde Debatten zwischen Vertretern des sogenannten »Intelligent Design« (nach der Gott in nicht funktionierende Evolutionsprozesse eingreifen müsse) und des evolutionären Theismus (nach der Gott Lückenfüllen nicht nötig habe) vorwegnahm:

»Ich sehe keinen vernünftigen Grund, warum die in diesem Werke entwickelten Ansichten irgendwie religiöse Gefühle verletzen sollten. Um zu zeigen, wie vorübergehend solche Befürchtungen sind, brauche ich wohl nur an die größte Entdeckung zu erinnern, die je einem Menschen gelungen ist, an Newtons Gravitationsgesetz, das Leibniz angriff, weil es ›die natürliche Religion erschüttere und die offenbarte verleugne.‹ Ein berühmter geistlicher Schriftsteller schrieb mir, er habe ›allmählich einsehen gelernt, dass es ebenso erhaben sei, von der Gottheit zu glauben, sie habe nur wenige der Fortentwickelung zu anderen Formen fähige Ursprungstypen erschaffen, als anzunehmen, sie habe immer neue Schöpfungsakte ins Werk setzen müssen, um die durch die Wirkung ihrer Gesetze verursachten Lücken auszufüllen.‹«[55]

Auch als Darwin in »Die Abstammung des Menschen« seine Definitionen und Hypothesen zur Evolution der Religiosität und Religionen (siehe Kap. 2.1) vorstellte, fügte er den Hinweis ein: »Natürlich ist diese Frage von der andern völlig verschieden, ob ein Schöpfer und Regent des Weltalls existiert; und diese ist von den größten Geistern, welche je gelebt haben, bejahend beantwortet worden.«[56]

Und auch andernorts sprach er dem Gottesglauben immer wieder Wertschätzung aus, beispielsweise im Kapitel über die »intellektuellen und moralischen Fähigkeiten« der Menschen. Hier hielt er fest: »Die höchste Form der Religion – die großartige Idee eines Gottes, welcher die Sünde hasst und die Gerechtigkeit liebt – war während der Urzeit unbekannt.«[57]

Denkbar wäre natürlich, dass Darwin in seinen offiziellen Texten nur taktisch argumentiert hätte.

Aber auch im engeren Kreis respektierte Darwin den Glauben – nicht nur den seiner Frau und anderer Familienmitglieder, sondern auch christlicher Freunde und Mitstreiter wie Alfred Russel Wallace, Charles Kingsley oder Asa Gray, die Evolutionsforschung und Gottesglauben als vereinbar erfuhren und lebten. Dem Botaniker Gray widmete Darwin sogar sein »Blütenformen«-Buch von 1877.

Auf einem Brief, in dem ihm seine fromme Frau Emma ihre Sorgen bezüglich seiner Glaubenszweifel mitgeteilt hatte, vermerkte Charles: »Wenn ich tot bin, sollst Du wissen, dass ich den Brief viele Male geküsst und Tränen über ihn vergossen habe. C. D.«[58] Einen zweiten, späteren Brief Emmas versah er mit dem Wunsch: »Gott segne Dich. C. D. 1861«.[59]

Vollends fielen alle Betrugs-, Erpressungs- oder Verschwörungstheorien gegen Darwin aber mit seinem Brief an John Fordyce vom 7. Mai 1879 (drei Jahre vor seinem Tod) in sich zusammen, in dem er seine eigene Überzeugung noch einmal ausführte:

»Es scheint mir absurd zu bezweifeln, dass ein Mensch ein entschiedener Theist und ein Evolutionär sein kann. – Sie haben Recht mit Kingsley. Asa Gray, der berühmte Botaniker, ist ein weiterer sprechender Fall. – Was meine eigene Ansichten sein mögen, ist eine Frage, die niemanden außer mich betreffen muss. – Aber da Sie fragen, möchte ich erklären, dass mein Urteil oft schwankt. Ob ein Mensch es verdient, ein Theist genannt zu werden, hängt von der Definition des Begriffes ab; was viel zu groß für eine Notiz ist. In meinen extremsten Schwankungen bin ich nie ein Atheist in dem Sinne gewesen, dass ich die Existenz Gottes geleugnet hätte. – Ich denke, dass generell (& mehr und mehr, als ich älter werde), aber nicht immer, die Bezeichnung ›Agnostiker‹ die korrekteste Beschreibung meines diesbezüglichen Geisteszustandes sein würde.«[60]

1.3 Darwin und die Grenzen der natürlichen Selektion

Der 1964 geborene Gregory (»Greg«) Walter Graffin ist Doktor der Biologie und Dozent für Biologie und Paläontologie an der Universität von Kalifornien in Los Angeles. Er ist außerdem Sänger und Songwriter der legendären Punkband »Bad Religion« und beschrieb in seinem Buch »Anarchie und Evolution. Glaube und Wissenschaft in einer Welt ohne Gott« (2011)[61] Evolutionsforschung und Musik als die beiden sich ergänzenden Säulen seiner Lebensbewältigung. Gerade auch seine berufliche Unabhängigkeit erlaube ihm aber auch Widerspruch gegen vorherrschende Perspektiven der Biologie.

So betitelte Graffin ein Kapitel »Das falsche Götzenbild natürliche Selektion« und wirft darin der vorherrschenden neodarwinistischen Synthese (vgl. Kap. 2.1) die Überbetonung genetischer Reduktion einerseits und der natürlichen Selektion andererseits vor. Die Folge seien mathematische Modelle, die nicht nur den Befunden klassischer Feldforschung nicht gerecht würden, sondern gerade auch mit Bezug auf die Evolutionsforschung zum Menschen versagten. Denn evolutionäre Prozesse seien von weiteren Ursachen als der natürlichen Selektion getrieben. Evolution sei damit »kreativer«, »anarchischer« und von »blindem Zufall« sowie von menschlichen »Entscheidungen« gestaltet. Der Neodarwinismus spiele dagegen mittelfristig den Intelligent-Design-Varianten des Kreationismus in die Hände. Graffin dazu:

Charles Darwin – vom Theologen zum Empiriker

»Diejenigen Biologen, die sich der Vorherrschaft der natürlichen Selektion verschrieben haben, wollen den schöpferischen Gott durch eine schöpferische Natur ersetzen. Aber so betrachtet, kann die Natur in ihrer Weisheit auch nur eine Manifestation von Gott sein. Und in diesem Zusammenhang spielt die Teleologie (und ihr Ideal des Optimums) geradewegs in die Hände der Intelligent-Design-Kreationisten. Ein Optimum ist genauso ein abstraktes Ideal wie alle theologischen Erklärungen, die besagen, dass Gott jeder Sache im Universum einen Sinn gegeben hat. Wenn wir nicht unser volles Potenzial ausschöpfen, versündigen wir uns gegen Gott oder gegen die natürliche Selektion.«[62]

Dass Darwin selbst bereits an Verabsolutierungen der natürlichen Selektion zweifelte, war Graffin wohl nicht bewusst – zumindest weist er nicht darauf hin. Dabei hatte der Naturforscher selbst bereits in späteren Schlussworten zur »Entstehung der Arten« einerseits das Konzept der natürlichen Selektion als die Grundlage der Evolutionstheorie verteidigt und sich andererseits gegen die Reduktion darauf entschieden verwehrt. Darwin:

»Da aber meine Folgerungen neuerdings vielfach falsch dargestellt worden sind und behauptet worden ist, ich schreibe die Modifikation der Arten ausschließlich der natürlichen Zuchtwahl zu, so sei mir die Bemerkung gestattet, dass ich in der ersten Ausgabe dieses Werkes, wie später, die folgenden Worte an einer hervorragenden Stelle, nämlich am Schlusse der Einleitung aussprach: ›Ich bin überzeugt, dass natürliche Zuchtwahl das hauptsächlichste, wenn auch nicht einzige Mittel zur Abänderung der Lebensformen gewesen ist.‹ Dies hat nichts genützt.

Die Kraft beständiger falscher Darstellung ist zäh; die Geschichte der Wissenschaft lehrt aber, dass diese Kraft glücklicherweise nicht lange anhält.«[63]

Hier scheint Darwin eine Spur zu optimistisch gewesen zu sein: Die Versuchung, alle Lebensäußerungen in ein mathematisch reduzierbares Modell pressen zu wollen, ist heute – und seit dem Aufschwung des Neodarwinismus – eher noch größer geworden. Die zweite große noch von Darwin beschriebene Selektionskraft – die sexuelle Selektion oder »geschlechtliche Zuchtwahl« – wurde über den Fitnessbegriff des relativen Fortpflanzungserfolges in das natürliche Selektionsgeschehen integriert. Auch diese Weichenstellung findet sich bereits in ebenjenem Schlusskapitel angelegt:

»In der Erhaltung begünstigter Individuen und Rassen während des beständig wiederkehrenden Kampfes ums Dasein sehen wir ein wirksames und nie ruhendes Mittel der natürlichen Zuchtwahl. […] Der geringste Vorteil, den gewisse Individuen in irgendeinem Lebensalter oder zu irgendeiner Jahreszeit über ihre Konkurrenten voraus haben, oder eine wenn auch noch so wenig bessere Anpassung an die umgebenden Naturverhältnisse kann den Ausschlag geben.

Bei Tieren mit getrenntem Geschlecht wird in den meisten Fällen ein Kampf der Männchen um den Besitz der Weibchen stattfinden. Die kräftigsten oder diejenigen Männchen, welche am erfolgreichsten mit ihren Lebensbedingungen gekämpft haben, werden gewöhnlich am meisten Nachkommenschaft hinterlassen. Aber der Erfolg wird oft davon abhängen, dass die Männchen besondere Waffen oder Verteidigungsmittel oder Reize besitzen; und der geringste Vorteil kann zum Siege führen.«[64]

Allgemeine Anerkennung als empirisch beobachtbare Faktoren über die natürliche und sexuelle Selektion hinaus haben bewusste Züchtungen bzw. genetische Manipulationen durch Menschen, der Drift (zufällige Genverschiebungen, besonders häufig in kleinen Gründerpopulationen) sowie die Epigenetik gefunden. Neodarwinisten können jedoch darauf hinweisen, dass nichts davon das Modell grundsätzlich infrage stellt: Das planende Bewusstsein und dessen Präferenzen seien schließlich selbst Produkt der natürlichen Selektion, Drift nur eine Verstärkung der Mutations- und damit Variationsreichweite und epigenetische Wirkungen nur eine weitere Dimension genetischen Potenzials. Aber auch prominente Genetiker wie Jochen Graw erkennen inzwischen an, dass neben der »allgemeinen Akzeptanz der Deszendenztheorie unter Biologen [d. h. der Annahme, dass alle heutigen Lebewesen bruchlos aus gemeinsamen Vorfahren evolviert sind] über die dafür verantwortlichen Mechanismen und ihre relative Bedeutung durchaus unterschiedliche Auffassungen« bestünden. Unstreitig sei die natürliche Selektion ein »wichtiger Evolutionsmechanismus«.[65]

Darwin selbst ging jedoch bereits noch einen Schritt weiter und erteilte einer entsprechenden biologischen Reduktion gerade auch des »höchsten Teils der menschlichen Natur« eine entschiedene Absage – für diese seien vielmehr »andere Kräfte noch bedeutungsvoller«:

»So bedeutungsvoll der Kampf um die Existenz gewesen ist und noch ist, so sind doch, soweit der höchste Teil der menschlichen Natur in Betracht kommt, andere Wirkmächte [agencies] noch bedeutungsvoller; denn die moralischen Eigenschaften sind entweder direkt oder indirekt viel mehr durch die Wirkung der Gewohnheit, die Kraft der Überlegung, Unterricht, Religion u.s.w. [habit, the

reasoning powers, instruction, religion, &c] fortgeschrit-
ten, als durch natürliche Zuchtwahl, obschon dieser letzteren Kraft die sozialen Instinkte, welche die Grundlage
für die Entwickelung des moralischen Gefühls dargeboten
haben, ruhig zugeschrieben werden können.«[66]

Damit schränkte Darwin nicht nur die Wirkung der natürlichen Selektion ausdrücklich ein und betonte ihre im Falle der
höheren menschlichen Fähigkeiten sogar untergeordnete
Rolle. Er schlug auch konkrete Beispiele für Wirkfaktoren
vor, die er mit dem gleichen Oberbegriff wie die natürliche
Selektion bezeichnete: Gewohnheit, Überlegung, Unterricht
und Religion. In diesem Kontext maß er auch Einzelper-
sonen potenziell evolutionär bedeutsame Wirkungen zu:

»Große Gesetzgeber, die Gründer segensreicher Religionen, große Philosophen und wissenschaftliche Entdecker
unterstützen den Fortschritt der Menschheit in einem
viel höheren Grade durch ihre Werke als durch das Hinterlassen einer zahlreichen Nachkommenschaft.«[67]

Gleichwohl hatte er in der Beschreibung etwa der Evolution
von Sprachen die Begrifflichkeit der natürlichen Selektion
auch auf diesen Zweig der kulturellen Evolution im Grundsatz
übertragen und auf den deutschen Sprach- und Religionswissenschaftler Friedrich Max Müller (1823–1900) verwiesen:

»Wir sehen in jeder Sprache Variabilität, und neue Wörter
tauchen beständig auf; da es aber für das Erinnerungsver-
mögen eine Grenze gibt, so sterben einzelne Wörter, wie
ganze Sprachen allmählich ganz aus. Max Müller hat sehr
richtig bemerkt: ›in jeder Sprache findet beständig ein
Kampf ums Dasein zwischen den Wörtern und grammati-

schen Formen statt: die besseren, kürzeren, leichteren Formen erlangen beständig die Oberhand, und sie verdanken
ihren Erfolg ihrer eigenen inhärenten Kraft‹. Diesen wich-
tigeren Ursachen des Überlebens gewisser Wörter lässt
sich auch noch die bloße Neuheit und Mode hinzufügen;
denn in dem Geiste aller Menschen besteht eine starke Vor-
liebe für unbedeutende Veränderungen in allen Dingen.
Das Überleben oder die Beibehaltung gewisser begünstigter Wörter in dem Kampfe ums Dasein ist natürliche
Zuchtwahl.«[68]

Also doch Reduktion auf natürliche Selektion in Natur und
Kultur? Die Widersprüche lassen sich wohl nur auflösen,
wenn wir annehmen, dass Darwin bereits auf der Spur war,
die zunehmend auch in der heutigen, interdisziplinären Evolutionsforschung an Gewicht gewinnt: dass wir haltbar sowohl
von biologischer wie kultureller Evolution sprechen sowie
diese als (biokulturellen) Evolutionsprozess zusammenfassen
können, dass aber bei allen Ähnlichkeiten auch große Unterschiede zwischen den biologischen und kulturellen Phänomenen bestehen. Sie wären demnach nicht einfach aufeinander zu
reduzieren, sondern fallweise empirisch und interdisziplinär
zu erforschen.[69] Die biologische Evolution und natürliche
Selektion schaffe mithin die Grundlagen menschlichen Verhaltens und Zusammenlebens, könne aber weder für die Vergangenheit noch für die Zukunft darauf reduziert werden.
  Dazu passt, dass Darwin mit Berufung auf Arbeiten von
Alfred Russel Wallace kulturelle Fähigkeiten des Menschen
schließlich als Hinauswachsen aus der Zuständigkeit natürlicher Zuchtwahl beschrieb:

»In einem schon vorhin erwähnten ausgezeichneten Aufsatz sucht Mr. Wallace zu beweisen, dass der Mensch,

nachdem er zum Teil jene intellektuellen und moralischen Fähigkeiten erlangt hatte, welche ihn von den niederen Tieren unterscheiden, nur in geringem Maße eine weitere, durch natürliche Zuchtwahl oder irgendwelche andere Mittel bewirkte Modifikation seiner körperlichen Bildung erfahren haben dürfte. Denn durch seine geistigen Fähigkeiten ist der Mensch in den Stand gesetzt, ›sich bei einem nicht weiter veränderten Körper mit dem sich verändernden Universum in Harmonie zu erhalten‹. Er hat eine bedeutende Fähigkeit, seine Gewohnheiten neuen Lebensbedingungen anzupassen; er erfindet Waffen, Werkzeuge und denkt sich verschiedene Pläne aus, um sich Nahrung zu verschaffen und sich zu verteidigen. Wenn er in ein kälteres Klima wandert, so benutzt er Kleider, baut sich Hütten und macht Feuer, und mit Hilfe des Feuers bereitet er sich durch Kochen Nahrung aus sonst unverdaulichen Stoffen. Er hilft seinen Mitmenschen in mannigfacher Weise und schließt auf zukünftige Ereignisse. Selbst in einer sehr weit zurückliegenden Zeit schon führte er eine Teilung der Arbeit aus. [...] In Europa wurden die Menschen der Bronzeperiode von einer kräftigeren und, nach ihren Schwertgriffen zu urteilen, auch grosshändigeren Rasse verdrängt; der Erfolg dieser war aber wahrscheinlich in einem bedeutend höheren Grade eine Folge ihrer Überlegenheit in den Künsten.«[70]

Später schloss Darwin entsprechend:

»Bei hoch zivilisierten Nationen hängt der beständige Fortschritt in einem untergeordneten Grade von natürlicher Zuchtwahl ab; denn derartige Nationen ersetzen und vertilgen einander nicht so, wie es wilde Stämme tun. Nichtsdestoweniger werden in der Länge der Zeit die intelligenteren Individuen einer und derselben Genossenschaft besseren Erfolg haben, als die untergeordneteren, und werden auch zahlreichere Nachkommen hinterlassen: und dies ist eine Form der natürlichen Zuchtwahl. Die wirksameren Ursachen des Fortschritts scheinen zu bestehen einmal in einer guten Erziehung während der Jugend, wo das Gehirn Eindrücken leicht zugänglich ist, und dann in einem hohen Maßstab der Vortrefflichkeit, wie er in der Natur der fähigsten und besten Leute ausgeprägt, in den Gesetzen, Gebräuchen und Überlieferungen der Nation verkörpert und von der öffentlichen Meinung bekräftigt wird.«[71]

Wer die Kulturwissenschaften also im Namen der Evolution bruchlos oder gar »neodarwinistisch« auf Naturwissenschaften reduzieren möchte, kann sich dabei keinesfalls auf Charles Darwin berufen. Bei ihm finden wir eher eine Position angelegt, die wir heute als »Emergentismus« diskutieren: Demnach bringen Evolutionsprozesse immer wieder auch neue Systeme und Systemeigenschaften hervor, die zwar auf den basalen Grundlagen beruhen, aber diesen gegenüber neuartig und nicht reduzierbar sind. Die Erkundung von Physik, Chemie, Biologie, Kultur und Bewusstsein müsste daher einerseits in einer disziplinären Unterscheidung, andererseits interdisziplinären Vernetzung geschehen.[72]

1.4 Darwin und die Frage nach Fortschritt und Moral

Wir haben im vorherigen Kapitel gesehen, dass Kultur und ihre Evolutionsforschung für Darwin alles andere als ein Randthema war. Er hielt sie für natürlich begründet, aber dann auch über die Prozesse der natürlichen Selektion hinaus wachsend und eigenständig wirkend. Und hatte er schon bei der Beschreibung von Pflanzen und Tieren von »niederen« und »höheren« Formen geschrieben, so verwendete er mit dem Bezug auf den Menschen auch Begriff wie den »beständigen Fortschritt« der »hoch zivilisierten Nationen« und schloss das fünfte Kapitel seiner »Abstammung des Menschen« sogar freudig:

> »Allem Anscheine nach ist es eine richtigere und wohltuendere Ansicht, dass Fortschritt viel allgemeiner gewesen ist als Rückschritt, dass der Mensch, wenn auch mit langsamen und unterbrochenen Schritten, sich von einem niedrigeren Zustande zu dem höchsten jetzt in Kenntnissen, Moral und Religion von ihm erlangten erhoben hat.«[73]

Gerade im Kontext der Evolution von Religiosität und Religionen führte Darwin sogar explizit die Unterscheidung von wahr und falsch und die Bezeichnung einer »höchsten Form [highest form]« ein: »Viele noch jetzt existierende abergläubische Züge sind die Überbleibsel früherer falscher religiöser Glaubensansichten. Die höchste Form der Religion – die großartige Idee eines Gottes, welcher die Sünde hasst und die Gerechtigkeit liebt – war während der Urzeiten unbekannt.«[74]

Wie aber konnte Darwin – als Agnostiker – einen »Fortschritt« oder gar »höchste Formen« annehmen, ohne Wissen über Ursprung und Ziel des gesamten Evolutionsprozesses zu beanspruchen? Eine einfache Annahme wäre, dass Darwin schlicht sprachlich etablierte und leicht zu akzeptierende (wie er selbst schreibt: »wohltuendere«) Ansichten vertreten hätte, um leichter zu schreiben und Leserinnen und Leser zu erreichen. Dafür spricht seine Kritik aus dem Jahre 1860 am teleologischen Argument der »Regentropfen-Metapher« seines Freundes Asa Gray. Darin hatte dieser für den evolutionären Theismus argumentiert, dass man durchaus nicht dem einzelnen Regentropfen eine spezifische vorentworfene [designed] Funktion zusprechen müsse, wohl aber dem gesamten Regen, ohne den viele Pflanzen und Tiere nicht gediehen. Nicht also die Einzelereignisse seien vorgeplant, es handele sich lediglich um »nichtdesignte Konsequenzen [undesigned consequences]«, wohl aber die sie hervorbringenden »designten Gesetze [designed laws]«.

In seinem Brief rang Darwin mit diesem Argument, wies es jedoch auch als unsicher zurück, indem er es umdrehte: Wenn ein einzelnes Ereignis nicht sicher als vordesignt erkannt werden könnte, dann doch auch kein anderes, auch nicht das erste:

> »Ich habe Ihr Schreiben gerade noch einmal gelesen. In Wahrheit bin ich mir sehr bewusst, dass mein Geist zu ›nichtdesignten Konsequenzen‹ und ›designten Gesetzen‹ in völliger Verwirrung ist. Sagt nicht Kant, dass es einige Themen gibt, zu denen direkt widersprechende Schlüsse als wahr bewiesen werden können? [...] Ich sehe einen Vogel, den ich essen möchte, nehme mein Gewehr und töte ihn, ich tue dies vorsätzlich [designedly]. – Ein unschuldiger und guter Mann steht unter einem Baum und wird von einem Blitz getötet. Glauben Sie (und das würde ich wirklich gerne hören), dass Gott diesen Menschen vorsätzlich getötet hat? Viele oder die meisten Personen glauben das; ich kann es nicht und tue es nicht. [...] Wenn der Tod weder eines Menschen noch einer Mücke designt ist, sehe ich keinen guten Grund zu glauben, dass ihre erste Geburt oder Herstellung notwendig designt sein sollte. Allerdings, wie ich schon sagte, kann ich mich

auch nicht davon überzeugen, dass die Elektrizität wirkt, der Baum wächst und der Mensch in die höchsten Ideen strebt allein durch blinde, brutale Kraft [all from blind, brute force]. Ihr verwirrter & herzlicher Freund«.[75]

Ähnlich äußerte er sich gegenüber seiner Nichte Frances Julia »Snow« Wedgwood (1833–1913), die zu einer bekannten Autorin und Frauenrechtlerin wurde. 1861 hatte sie die Frage von Evolution, Leid und »Sünde« in einem Essay im Macmillan's Magazine verarbeitet, den Darwin sehr lobte. Sie beklagte darin einerseits, dass die Evolutionsforschung eine »Szene voller Kampf, Blutvergießen und Leiden« zeichne: »Sicher hat der Schöpfer nicht darauf seinen Segen gesprochen! Sicher sollte der Befehl ›Seid fruchtbar und mehret euch‹ nicht bedeuten ›Lass jedes Geschöpf sich in einen unablässigen Krieg um die Existenzmittel mit seinen Gefährten stürzen.‹« Stattdessen sei das Geschehen als eine Aufwärtsbewegung zu verstehen. »Welche tiefe Bedeutung finden wir in einer solchen Betrachtungsweise der Schöpfung; mächtige Veränderungen, die durch schwache und undeutliche Abstufungen erreicht wurden, unzählige Misserfolge für einen Erfolg, eine langsame und ununterbrochene Bewegung im Strom der Schöpfung, die sich zum mächtigen Ozean hin ausdehnt!«[76]

In einem Brief an Snow erklärte Darwin, dass auch ihm ihre Schlüsse »mehrmals vage« durch den Kopf gegangen seien. Aber er könne auch beim Menschen keine Beweise für Design finden. Er könne sich nicht vorstellen, dass ein wahrlich gütiger und allwissender Gott so viel Leid zugelassen habe, um daraus Ordnung zu schaffen. »Ich fühle auf das Allertiefste, dass der ganze Gegenstand zu tief ist für den menschlichen Intellekt. Ein Hund könnte ebenso über den Geist Newtons spekulieren.«[77]

Charles Darwin – vom Theologen zum Empiriker

Zu einer Teleologie (Zielgerichtetheit) der Evolution bekannte sich Darwin also nicht, wenn er sie auf einer höheren Ebene auch nicht völlig ausschließen wollte. Er blieb auch in dieser Frage agnostisch – und gesprächsbereit (vgl. auch Kapitel 3). Und doch fand Darwin einen Weg, insbesondere in der »Abstammung des Menschen«, die Frage nach dem Fortschritt mit einem aus seiner Sicht empirisch zugänglichen Prüfstein zu verknüpfen: dem der Kooperation und der sie ermöglichenden »Moralität«.

Moral als Maßstab für Fortschritt

Mehrfach führte Darwin in seinem umfangreichen Schriftwerk die »Goldene Regel« als »Grundstein der Moralität« an, auf die die Evolution »naturgemäß« zulaufe:

> »Das moralische Gefühl bietet vielleicht die beste und höchste Unterscheidung zwischen dem Menschen und den niederen Tieren dar; doch brauche ich kaum etwas hierüber zu sagen, da ich erst vor kurzem zu zeigen versucht habe, dass die sozialen Instinkte – die wichtigste Grundlage der moralischen Konstitution des Menschen – mit der Unterstützung der tätigen intellektuellen Kräfte und der Wirkungen der Gewohnheit naturgemäß zu der goldenen Regel führen: ›was Ihr wollt, dass man Euch tue, das tut auch Andern‹; und dies ist der Grundstein der Moralität.«[78]

Dabei vertrat er jedoch nicht die Annahme, dass es eine Art naive Stufenleiter gebe, die alle natürlichen Prozesse auf die Entwicklung einer bestimmten Moral hin ausrichte. Allerdings würde die biologische Evolution emotionale und intellektuelle Grundlagen dazu schaffen können, diesen Standard anzustreben:

»Es dürfte zweckmäßig sein, zunächst voranzuschicken, dass ich nicht behaupten will, dass jedes streng soziale Tier, wenn nur seine intellektuellen Fähigkeiten zu gleicher Tätigkeit und gleicher Höhe wie beim Menschen entwickelt wären, genau dasselbe moralische Gefühl wie der Mensch erhalten würde. In derselben Weise wie verschiedene Tiere ein gewisses Gefühl von Schönheit haben, trotzdem sie sehr verschiedene Gegenstände bewundern, können sie auch ein Gefühl von Recht und Unrecht haben, trotzdem sie durch dasselbe zu sehr verschiedenen Handlungsweisen veranlasst werden. Um einen extremen Fall anzuführen: wäre z. B. der Mensch unter genau denselben Zuständen erzogen wie die Stockbiene, so dürfte sich kaum zweifeln lassen, dass unsere unverheirateten Weibchen es ebenso wie die Arbeiterbienen für eine heilige Pflicht halten würden, ihre Brüder zu töten, und die Mütter würden suchen, ihre fruchtbaren Töchter zu vertilgen, und niemand würde daran denken, dies zu verhindern. Nichtsdestoweniger würde in unserem angenommenen Falle die Biene oder irgend ein anderes soziales Tier, wie es mir scheint, doch irgend ein Gefühl von Recht und Unrecht oder ein Gewissen erhalten.«[79]

Wenn aber die »sozialen Instinkte« nicht ausreichten, um »naturgemäß« zur Goldenen Regel zu kommen – was denn dann? Darwin erklärte dazu, dass die Überwindung von »Feindschaft oder Hass« erst gelingen könne – und werde! –, wenn und sobald neue Fähigkeiten evolvierten: Verstand, Kultur – und Religion.

Charles Darwin – vom Theologen zum Empiriker

»Gutes zu tun in Erwiderung für Böses, den Feind zu lieben, ist eine Höhe der Moralität, von der wohl bezweifelt werden dürfte, ob die sozialen Instinkte für sich selbst uns dahin gebracht haben würden. Notwendigerweise mussten diese Instinkte, in Verbindung mit Sympathie, hoch kultiviert und mit Hilfe des Verstandes, des Unterrichts, der Liebe oder Furcht Gottes erweitert werden, ehe eine solche goldene Regel je hätte erdacht und befolgt werden können.«[80]

Die Goldene Regel bot Darwin einen Maßstab, der philosophisch wie religiös hochwertig, aber auch empirisch noch beobachtbar war. Hier also konnte er einen innerweltlich zugänglichen Maßstab von »Fortschritt« festmachen, der Entwicklungen in Natur, Kultur und Religion aufnehmen konnte. Dabei ging Darwin nicht davon aus, dass Religionen diese Moralität von Anfang an vertreten hätten. Vielmehr benötigten auch sie, wie er in seiner Autobiografie festhielt, der evolutionären Entfaltung:

»So schön die Moralität des Neuen Testamentes auch ist, so kann doch schwer bestritten werden, dass ihre Perfektion teilweise von den Interpretationen abhängt, die wir Metaphern und Allegorien auflegen.«[81]

Man beachte, dass Darwin im »wir« hier einen Moment die Rolle des aufgeklärt interpretierenden Christen mit übernimmt. Und auch die meisten heutigen Theologen, nicht nur der christlichen Konfessionen, würden ihm wohl zustimmen, wenn er die verstandesgemäße und später wissenschaftliche Reflexion religiöser Lehren als ausdrücklich notwendig betont:

»Dieselben hohen geistigen Fähigkeiten, welche den Menschen zuerst dazu führten, an unsichtbare spirituelle Wesenheiten, dann an Fetischismus, Polytheismus und endlich Monotheismus zu glauben, werden ihn, solange seine Verstandeskräfte nur wenig entwickelt waren, unfehlbar zu verschiedenen fremdartigen Gebräuchen und Formen des Aberglaubens geführt haben. Schon der Gedanke an viele Arten dieser ist schaudervoll, so das Opfern menschlicher Wesen einem blutliebenden Gotte, das Überführen unschuldiger Personen durch das Gottes-gericht mit Gift oder Feuer, Zauberei u.s.w. Und doch lohnt es sich wohl, gelegentlich über diese Formen von Aberglauben nachzudenken; denn sie zeigen uns, in welch unendlicher Weise wir der Vervollkommnung unse-res Verstandes, der Wissenschaft und unseren aufgestapel-ten Kenntnissen zu Danke verpflichtet sind.«[82]

Was für ein faszinierendes Bild: Die biologische Evolution bereitet die Fähigkeiten sowohl des Verstandes, der Kultur wie auch der Religion vor. Deren aufeinander bezogene, also reflektierte Anwendung erlaube das »Fortschreiten« hin zur goldenen Regel als »Grundstein der Moral« und zum Mono-theismus als »höchster Form der Religion«.

Kooperation in der Evolutionsforschung heute

Wieder ist es durchaus erstaunlich, wie weit Darwin hier bereits aktuellen Diskussionen vorausgegriffen hat. Zeichnet die Evolution ein Bild des erbarmungslosen Kampfes (blut-)»rot an Zähnen und Klauen«, wie es Alfred Lord Ten-nyson (1809–1892) bereits 1850 und also »vor« Darwins Evolutionstheorie formuliert hatte? Oder überwog bei allem

Charles Darwin – vom Theologen zum Empiriker

Leid doch das Glück und schließlich die Aussicht auf die »naturgemäß« über Verstand, Kultur und Religion dann ausbreitende Goldene Regel, wie Darwin meinte?

Gerade in den letzten Jahren ist diese Frage so massiv wie kaum eine andere in der Evolutionsforschung wieder aufgeflammt. Die Kooperationsforschung hat sich dabei wesentlich über mathematische und vor allem spieltheoretische Modelle weiterentwickelt. Darwin konnte dies eigentlich noch nicht gesehen haben. Und doch bedauerte er rückblickend, während seines Theologiestudiums in Mathematik – trotz des zeitweiligen Engagements eines Privatlehrers – kaum etwas erreicht zu haben, »denn solcherart ausgestattete Menschen scheinen einen Extrasinn zu haben«.[83]

Zugleich verbergen sich hinter den pointierten Positionen von evolutionären Kooperationsforschern auch völlig unterschiedliche »Lesarten« der Universalgeschichte. So entwickelten sich auf Basis der Evolutionstheorie streng pessimistische Stimmen wie jene des Zoologen Richard Dawkins, der im »egoistischen Gen« (1976) die erbarmungslose Konkurrenz von Genen (Natur) und analog gedachten »Memen« (Kultur) betonte. Und dann in den letzten Sätzen doch noch an menschliche (und übernatürliche?) Individualitäten appellierte, um eine Befreiung des Menschen aus diesen brutalen Prozessen zu beschwören: »Wir haben die Macht, den egoistischen Genen unserer Geburt und, wenn nötig, auch den egoistischen Memen unserer Erziehung zu trotzen. Wir können sogar erörtern, auf welche Weise sich bewusst ein reiner, selbstloser Altruismus kultivieren und pflegen lässt – etwas, für das es in der Natur keinen Raum gibt, etwas, das es in der gesamten Geschichte der Welt nie zuvor gegeben hat. Wir sind als Genmaschinen gebaut und werden als Memmaschinen erzogen, aber wir haben die Macht, uns unseren

Schöpfern entgegenzustellen. Wir allein – einzig und allein wir auf der Erde – können uns gegen die Tyrannei der egoistischen Replikatoren auflehnen.«[84]

Dawkins entwickelte sich in den vergangenen Jahrzehnten zu einem der weltweit populärsten Religionskritiker mit großer Anhängerschaft. Aus religionswissenschaftlicher Sicht weist seine Memetik dabei weniger atheistische als gnostische Züge auf. Als Gnosis (griechisch = Erkenntnis) werden religiöse Bewegungen bezeichnet, die seit der Antike nachweisbar sind und davon ausgehen, dass die materielle Welt von bösen, scheingöttlichen Tyrannen (Demiurgen) geschaffen worden sei. Durch die Einweihung in die richtige Wahrheiten verkündende Lehre wird der Initiand zum Erkennenden – »Gnostiker« –, der in der Lage sei, »sich selbst« (etwa den eigenen »Seelenfunken«) und weitere zu Bekehrende aus dem doppelten Gefängnis der Materie sowie der falschen Götter und Lehren zu befreien. So könne er oder sie schließlich selbst in der Wahrheit frei und ggf. auch göttlich werden. Gnostische Lehren breiteten sich in unzähligen Varianten aus und sind bis heute auch in christlichen, islamischen, neopaganen, scientologischen, politischen und nun eben auch evolutionsbiologischen Gewändern anzutreffen.[85] So überrascht zumindest aus religionswissenschaftlicher Sicht nicht, dass sich die vor allem im Internet aktive Jüngerbewegung Richard Dawkins' zwar einerseits als streng wissenschaftlich-nichtreligiös versteht, andererseits aber als »Brights« (wörtlich: Helle, Leuchtende) bezeichnet.[86] Und dass ihr Lehrer in einem Interview der New York Times unlängst erklärte, dass er durchaus an »evolutionären Fortschritt« glaube und auch davon ausgehe, dass auf anderen Planeten im Universum bereits »gottgleiche Kreaturen [god-like creatures]« evolviert seien.[87]

Charles Darwin – vom Theologen zum Empiriker

Auf der anderen, das Naturgeschehen sehr viel positiver deutenden Seite positionierte sich etwa der aus Österreich stammende, heute in Harvard lehrende Professor für Biomathematik Martin Nowak. Dieser formulierte in Kombinationen aus Feld- und Experimentstudien mit mathematischen Simulationen die These der »SuperKooperatoren« (2011), die auf allen Ebenen der Evolution wirksam seien. Sie könnten die Entstehung von Komplexität, Liebe und Altruismus gerade auch beim Menschen (dem »sozialen Tier« in Darwins Worten[88]) erklären, da sie Egoismen überwinden könnten. Nowak ist praktizierender katholischer Christ.[89]

Spannend an der Sache ist nicht nur die buchstäblich unterschiedliche, sich je als wissenschaftlich und »darwinistisch« gebende »Lesart« des gleichen Prozesses, sondern auch der Umstand, dass die eigentlichen Streitpunkte bei näherer Betrachtung aus der Sicht von Außenstehenden verblüffend gering erscheinen. So erkennt Dawkins drei Mechanismen an, die Kooperation fördern könnten: Verwandtenselektion, direkte und indirekte Reziprozität. Nowak benennt zu diesen dreien lediglich zwei weitere, die sich auch bereits bei Darwin finden: räumliche bedingte (»spatiale«) Kooperation sowie Gruppenselektion. Ansonsten unterscheiden sich die Kontrahenten vor allem im Sprachgebrauch: Aus Dawkins' Sicht wäre die Liebe einer Mutter zu ihrem Kind kein Altruismus, da diese doch »nur« der Sicherung der eigenen »egoistischen« Gene diene. Nowak (und Darwin) erkennen aber auch in Familienbezügen wachsende und sich darüber hinaus ausbreitende Anteile an »echter« Liebe und »echtem« Altruismus. Dawkins hält Religionen für potenziell schädliche »Memplexe«, Darwin und Nowak sprechen ihnen kooperationsförderliche Potentiale zu.

Und um welche Frage entwickelte sich also der heutige empirische Streit um die Reichweite von Kooperationen? –

Um die Evolution von Religionen. Bereits 1996 veröffentlichte der evangelische Theologe Hubert Meisinger seine Dissertation zu »Liebesgebot und Altruismusforschung« über Ähnlichkeiten zwischen evolutionsbiologischen und theologischen Kooperationsmodellen. Doch obwohl die Studie noch im gleichen Jahr eine internationale Auszeichnung der European Society for the Study of Science and Theology erhielt, wurde sie interdisziplinär bislang kaum aufgegriffen.[90]

2002 trat dann der Evolutionsbiologe David Sloan Wilson mit dem Argument in die Arena, dass Darwin doch Recht behalten und Gruppenselektion empirisch zu beobachten sei: und zwar bei Religionsgemeinschaften.[91] Wilson blieb dabei selbst durchaus Atheist, plädierte jedoch zunehmend dafür, den Glauben religiöser Menschen nicht nur auf persönlicher Ebene zu achten, sondern auch das konstruktive und kooperative Potenzial gewachsener Religionsgemeinschaften im Leben der Menschheit anzuerkennen.[92] Mit Darwins Freund Pastor John Brodie-Innes hätte auch er sich wohl gut verstanden.

1.5 Die Rückkehr der großen Fragen – Darwins letztes Jahr

Das letzte Lebensjahr Darwins von April 1881 bis zu seinem Tode am 19. April 1882 brachte noch einmal in überraschender Weise die Rückkehr der metaphysischen Fragen. Seine Autobiografie wie auch sein letztes wissenschaftliches Werk über die Regenwürmer hatte er abgeschlossen und sich aus dem öffentlichen Leben langsam zurückgezogen. Doch empfing er noch Besuch, darunter die bereits genannten Religionskritiker Dr. Aveling und Wolfgang Brückner, von deren Atheismus er sich freundlich abgrenzte. Auch George

Charles Darwin – vom Theologen zum Empiriker

Duke of Argyll, einen seiner langjährigen Kritiker, Gesprächspartner und späteren Sargträger, empfing er. Der Duke gab 1885 einen Gedankenaustausch mit dem Gelehrten in dessen letztem Lebensjahr wieder, der von Darwins Sohn Francis als glaubwürdig eingeschätzt und in die Autobiografie aufgenommen wurde. Demnach hatte er Darwin gefragt, ob denn nicht gerade auch die in seinen Büchern dargelegten »Beobachtungen wundervoller Einrichtungen für spezifische Zwecke in der Natur unmöglich zu betrachten seien, ohne darin den Effekt und Ausdruck von Geist [mind] zu sehen«. Er habe »Darwins Antwort nie vergessen«. Dieser habe ihn »sehr intensiv« angesehen und gesagt: »In der Tat, dies kommt oft über mich mit überwältigender Kraft. Aber zu anderen Zeiten« – so habe er, seinen Kopf wiegend, hinzugefügt – »scheint es zu entschwinden.«[93]

Doch am 3. Juli 1881 verfasste Darwin einen Brief, der so außergewöhnlich ist, dass er im Schlusskapitel dieses Buches erstmals komplett ins Deutsche übersetzt werden soll. Adressat des Schreibens war der Philosoph William Graham (1839–1911), dessen »Creed of Science« (deutsch: »Das Bekenntnis der Wissenschaft«) mit dem Versuch einer Versöhnung von Wissenschaft und Gottesglauben Darwin sehr bewegte. Er schrieb dem Autor, noch bevor er das Buch zu Ende gelesen hatte: »Es ist sehr lange her, dass mich irgendein Buch so sehr interessiert hat.«[94]

Darwin setzte sich mit den Thesen des Autors auseinander und teilte ihm sowohl seine religionsbezogenen Gefühle wie auch den Hauptgrund seines anhaltenden Zweifels an Gottes Existenz mit: »Nichtsdestotrotz haben Sie meine innerste Überzeugung ausgedrückt, allerdings viel lebendiger und klarer, als ich es hätte tun können, dass das Universum kein Resultat des Zufalls [not the result of chance] ist. Dann aber steigt in mir immer der furchtbare Zweifel [horrid doubt] auf, ob die Überzeugungen des menschlichen Geistes, der aus dem Geist niedriger Tiere entwickelt worden ist, irgendeinen Wert hätten oder überhaupt vertrauenswürdig wären. Würde jemand den Überzeugungen eines Affengeistes trauen, wenn in solch einem Geist Überzeugungen wären?«[95]

Sicher unbewusst verfasste Darwin dieses Schreiben auf den Tag genau am 21. Jahrestag des Briefes an Asa Gray vom 3. Juli 1860, in dem die beiden bereits mit den gleichen Fragestellungen gerungen hatten.

Besiegte sich der Naturalismus selbst?

Erst Ende des 20. Jahrhunderts setzte im englischsprachigen Raum wieder eine Diskussion wenn schon nicht an Grahams Buch, so doch an Darwins genanntem Brief an. Der evangelische Philosoph Alvin Platinga präsentierte 1993 das Argument, dass sich der weltanschauliche Naturalismus durch die Evolutionstheorie selbst besiege, und zitierte dazu aus den oben hervorgehobenen Sätzen Darwins an Graham. Darwin habe, so Platinga, zu Recht erkannt, dass die empirische Forschung zur Erkenntnis des Evolutionsprozesses führe – und damit wiederum zur Realisierung, wie beschränkt die Erkenntnisfähigkeiten des Menschen seien. Sicheres Wissen über die höchsten Fragen, etwa nach der Existenz Gottes, seien also weder empirisch zu erreichen noch evolutionär zu erwarten. Gerade auch der reflektierte Naturalist müsse anerkennen, dass religiöses Wissen empirisch nicht einholbar, eine behauptete Allgemeingültigkeit des Naturalismus also selbstwidersprüchlich sei. Der Text löste eine heftige interdisziplinäre Debatte aus, die leider bislang im deutschen Sprachraum allenfalls in Schrumpfversionen (»Naturalismus ist auch ein Glaube«, »Gerade die Evolution sagt, dass wir

Charles Darwin – vom Theologen zum Empiriker

Gott nicht verstehen können« usw.) rezipiert oder nachvoll-
zogen wurde.[96]

Für eine vertiefte Reflexion und Debatte ist es gerade auch
im deutschen Sprachraum höchste Zeit – Kapitel 3 soll hieran
anknüpfen. Aber welche Vorbereitung und welcher Aus-
gangspunkt könnte dafür geeigneter sein als die Übersicht
über Darwins eigene evolutionäre Begriffe und Hypothesen
zur Evolution von Religiosität und Religion(en)?

2. Charles Darwins Evolutionsforschung zur Religion

»Verstehen wir indessen unter dem Ausdruck ›Religion‹ den Glauben an unsichtbare oder spirituelle Wesenheiten, so stellt sich der Fall völlig anders dar; denn dieser Glaube scheint bei den weniger zivilisierten Rassen ganz allgemein zu sein.« *(Charles Darwin, »Die Abstammung des Menschen«, Einleitung zum Abschnitt »Gottesglaube, Religion«[1])*

Göttliche Intervention bei der Evolution des Menschen?

In den Schlusssätzen seiner »Entstehung der Arten« (1856, sechste und letzte von ihm bearbeitete Auflage 1872) hatte Darwin bereits angekündigt: »In einer ferneren Zukunft sehe ich ein weites Feld für noch bedeutsamere Forschungen. Die Psychologie wird sicher auf der von Herbert Spencer geschaffenen Grundlage weiterbauen: dass jedes geistige Vermögen und jede Fähigkeit nur allmählich und stufenweise erlangt werden kann. Licht wird auch fallen auf den Menschen und seine Geschichte.«[2]

Vor allem der letzte Satz, der schon die erste Ausgabe beschlossen hatte, führte umgehend zu heftigen Reaktionen – und wurde in der ersten deutschen Übersetzung sogar einfach ausgelassen. Aber auch in Großbritannien selbst löste schon dieser neue Ausblick auf die Entwicklungsgeschichte des Menschen Aufregung aus. Berühmt wurde beispielsweise der Ausruf des britischen Premierministers Benjamin Disraeli (1804–1881) aus dem Jahre 1864: »Ist der Mensch ein Affe oder ein Engel?« Auch unter der schnell wachsenden Zahl derjenigen, die die Evolutionstheorie im Grundsatz anerkannten, tat sich eine Kluft auf. Einige vertraten unmittelbar wie Darwin die Position des Gradualismus, wonach sich Menschen und Tiere nicht grundsätzlich voneinander unterschieden, sondern alle »höheren« geistigen und kulturellen Merkmale auch bereits beobachtbare Vorläufer im Tierreich aufwiesen. Hier ist in erster Linie Thomas Henry Huxley zu nennen, der für sein massives Eintreten für die Evolutionstheorie »Darwins Bulldogge« genannt wurde und auch zu seinen Sargträgern gehörte (vgl. Kap. 1.1). Schon einige Monate vor der Vorstellung von Darwins und Wallace' Texten zur Evolutionstheorie in der Linnean Society hatte Huxley in einem Vortrag vor der Royal Society erklärt, dass zwischen Pavian und Gorilla sowie Gorilla und Mensch je nur unwesentliche Unterschiede bestünden. Huxley hatte schon damals verkündet: »Ich glaube, dass die geistigen und moralischen Fähigkeiten bei Tier und Mensch im Wesentlichen von der gleichen Art sind. Für mich besteht kein Unterschied zwischen einer instinktiven und einer vernünftigen Handlung.« Die Sprache habe zwar zu dem Menschen eigenen, »unbegrenzten intellektuellen Fortschritt« geführt, aber »an den Wurzeln und in den Fundamenten seiner Natur ist der Mensch eins mit dem Rest der organischen Welt«.[3]

Dagegen standen jedoch andere, einflussreiche Stimmen wie Darwins Freund und Vorbild Sir Charles Lyell und auch sein schärfster Rivale Richard Owen (1804–1892), die je darauf beharrten, dass zwischen Tier und Mensch ein geistiger Graben bestehe, der nur durch »göttliches Eingreifen (Divine Intervention)« habe geschlossen werden können. Diese auch unter Wissenschaftlern weitverbreitete Position, die im 20. Jahrhundert als »Intelligent Design« bezeichnet werden würde, drohte die frühe Evolutionsforschung bei Pflanzen und Tieren zuzulassen, aber bei Menschen zu ersticken.

In einem Brief von 1863 an J. D. Hooker ärgerte sich Darwin daher, dass er im Bezug auf die Herkunft des Lebens den »pentateuchischen Begriff der Schöpfung« verwendet und damit seinem Rivalen Owen eine Steilvorlage geliefert habe. Vermieden werden hätte dies können durch die Verwendung des Begriffs »Erscheinung«. »Man hätte ebenso an die Herkunft der Materie denken können.«[4] Evolutionären Theismus, nach dem der universale Evolutionsprozess insgesamt von der Gottheit angestoßen und getragen [»regieret«] werde, hielt er für denkmöglich, ärgerte sich jedoch über Vorschläge direkten göttlichen Eingreifens. Einen Lückenfüller-Gott, der den Evolutionsprozessen nachhelfen musste – sei es bei der Ausbildung bestimmter geistiger Fähigkeiten oder der Entstehung des ersten Lebens selbst – erkannte Darwin als empirisch wie auch philosophisch bzw. theologisch nicht haltbar. Dass nun sogar enge Weggefährten hinter die von ihm prominent zitierte Einsicht des Cambridger Naturtheologen William Whewell (vgl. Kap. 1) zurückfielen, verärgerte und besorgte ihn.

So hatte sich auch Darwins Mitentdecker Alfred Russel Wallace zunächst seiner Position einer gradualistischen und bruchlosen Evolution angeschlossen. 1864 hielt Wallace dann vor der Anthropological Society in London einen viel beachteten Vortrag zur »Herkunft der menschlichen Rassen und die Vorzeit des Menschen, hergeleitet aus der Theorie der ›natürlichen Auslese‹«. Er wandte dabei die Theorie der natürlichen Selektion nicht nur auf die eigene Art an, sondern schrieb sie auch ausdrücklich Darwin zu. Während Tiere vor allem körperlich auf Umwelt- und vor allem Klimaveränderungen reagieren müssten, hätten frühe Vorfahren des Menschen ausreichend intellektuelle, kulturelle und auch moralisch-soziale Fähigkeiten entwickelt, um solche Veränderungen zu meistern und neue Regionen zu erschließen. Die natürliche Selektion habe damit zur Verstärkung des »Intellektes«, der »sozialen Gefühle« und insbesondere des »Mitgefühls« in der Evolution des Menschen geführt und auf diese Weise »die wahre Erhabenheit [grandeur] und Würde des Menschen« eingeleitet. Zugleich wies Wallace die verbreitete Ansicht zurück, die menschlichen »Rassen« hätten sich aus verschiedenen Primatenarten entwickelt, und vertrat stattdessen die Auffassung, dass alle heutigen Menschen gemeinsame frühmenschliche Vorfahren aufwiesen.[5]

Darwin war vom Abdruck dieses auch heute noch lesenswerten Vortrages sehr angetan und schrieb an Wallace: »Es ist wirklich bewundernswert; aber Sie hätten im Vortrag über den Menschen die Theorie nicht als meine benennen sollen; Sie ist ebenso Ihre wie meine.« Auf einige der wegweisenden Ideen von Wallace wäre er, so betonte Darwin, selbst nie gekommen und wenn er auch der sexuellen Selektion eine größere Rolle einräumen würde, so bot er seinem Mitentdecker doch letztlich an, ihm das Forschungsfeld der Evolution des Menschen zu überlassen: »Ich habe ein paar Notizen zum Menschen gesammelt, aber nehme an, dass ich sie nie nutzen werde. Planen Sie ihre Ansichten weiter auszuarbeiten, und würden Sie dazu zukünftig meine Referenzen & Notizen haben wollen? Ich bin mir sicher, dass ich kaum wissen kann, ob sie von irgendeinem Wert sind, und momentan sind sie in einem Zustand des Chaos. Ich sollte noch viel mehr schreiben, habe aber keine Kraft dazu.«[6]

Doch es kam anders. Denn nach dem Besuch einer spiritistischen Seance 1865 änderte Wallace seine Haltung und vermutete ein sogar beobachtbares Eingreifen transzendenter Mächte in die Evolutionsprozesse. Entsprechend wandte er sich »spiritistischen« Versuchen zur Verifizierung solcher Einflüsse zu, die wir heute mit viel gutem Willen als »grenzwissenschaftlich« bezeichnen würden. Darwin war bestürzt und hielt Wallace dafür 1869 vor: »Ich hoffe, dass Sie Ihr eigenes und mein Kind nicht völlig ermordet haben.«[7] Vor allem aber entschied er, nun selbst die umfassende Geltung der Evolutionstheorie mit einem Buch zu verteidigen, das neben der Frage der sexuellen Selektion ausdrücklich auch die Evolution des Menschen und aller geistigen und kulturellen Fähigkeiten umfassen sollte. An Material dafür mangelte es längst nicht mehr. Die Debatte um die graduelle oder durch göttliches Eingreifen nachgebesserte Evolution des Menschen hatte längst multidisziplinäre und internationale Dimensionen erreicht. So setzte auch eine Flut von Artikeln und Büchern ein, die gerade auch komplexere geistige und kulturelle Phänomene wie Sprachen oder Religionen durchgehend evolutionär erklären wollten. Anthropologie und auch Kultur- und Religionswissenschaften erlebten ihre Blüte und eigenständige Profilierung gegenüber den Theologien gerade dadurch, dass nun deutlich wurde, dass es neben den Offenbarungs- und Schöpfungsgeschichten eine eigene, wissenschaftlich-empirisch erforschbare Entwicklungsgeschichte gab.[8]

Darwin selbst las, sammelte und forschte in diesen Jahren intensiv kulturwissenschaftlich, bevor er sich 1871 mit »Die Abstammung des Menschen« und 1872 mit »Ausdruck der Emotionen bei Tieren und Menschen« in die Debatte einbrachte, um zu zeigen, dass auch Geist und Kultur des Menschen durchgehend evolutionär erklärt werden könnten. An Wallace' hervorragenden Vortrag von 1864 knüpfte er dabei ausdrücklich an (vgl. Kap. 1.3). Die bereits zu seiner Zeit verbreiteten Versuche, eine evolutionär unüberbrückbare Sonderstellung des Menschen zu begründen, listete in ihrer Beliebigkeit genüsslich auf, bevor er sie widerlegte:

>Es ist behauptet worden, dass nur der Mensch einer allmählichen Vervollkommnung fähig sei, dass er allein Werkzeuge und Feuer gebrauche, andere Tiere sich angewöhne, Eigentum besitze, dass kein anderes Tier das Vermögen der Abstraktion habe oder allgemeine Ideen besitze, Selbstbewusstsein habe und sich selbst verstehe, dass kein Tier eine Sprache gebrauche, dass nur der Mensch ein Gefühl für Schönheit habe, Launen ausgesetzt sei, das Gefühl der Dankbarkeit, des Geheimnisvollen usw. besitze, dass er an Gott glaube oder mit einem Gewissen ausgerüstet sei.<[9]

Dass es keinerlei Einigkeit darüber gab, welche Eigenschaften genau denn nun den vermeintlich nur göttlich überbrückbaren Unterschied ausmachten, wertete Darwin als erstes Argument gegen diese Grundannahme. Er vertrat die Auffassung, dass auch *alle* kulturellen und geistigen Phänomene – einschließlich der Religion – evolutionär erklärt werden könnten und sich Vor- und Frühformen auch im Tiervergleich finden ließen. Er konnte sich dabei bereits auf eine große Zahl von Publikationen auch von späteren >Klassikern der Religionswissenschaft<[10] wie Friedrich Max Müller (1823–1900) und Edward Burnett Tylor (1832–1917) sowie auf frühe Religionspsychologen wie Luke Owen Pike (1835–1915) und sogar längst vergessene deutsche Werke wie >Religion, Moral und Philosophie der Darwin'schen Artlehre< von Wilhelm Braubach (1792–1877) stützen.[11] Sogar im beschaulichen Stuttgart reüssierte der (an anderer Stelle von Darwin zitierte) Zoologe, Wollfabrikant und beken

nende Protestant Gustav Jäger (1832–1917) mit Hochschul-
vorlesungen und schließlich einem Buch zur »darwinisti-
schen Religionstheorie«. Jägers Kaufhauskette besteht bis
heute und seinen »Anthropinen« genannten Duftkügelchen
setzte Patrick Süskind mit dem 2006 verfilmten Erfolgs-
roman »Das Parfüm« (1985) ein Denkmal. Aber erst 2009
wies Wolfgang Achtner in einem Artikel für »Spektrum der
Wissenschaft« auf seine in Vergessenheit geratenen Arbeiten
zur Evolution der Religion hin, die, so Jäger, im protestantischen Christentum gipfele.[12]

2.1 Darwins Begriffe und Hypothesen zur Evolution der Religion

Ein ausgearbeiteter Entwurf Darwins zur Evolution von
Religiosität und Religionen findet sich in »Die Abstammung
des Menschen« von 1871, einige Nacharbeiten noch im
»Ausdruck der Emotionen« von 1872. Im 3. Kapitel der
»Abstammung« widmete der einstige Theologe dem Thema
sogar ein eigenes Unterkapitel: »Gottesglaube, Religion«.
Schon in den ersten Sätzen machte Darwin hierin klar, dass
sich seine Argumentation gegen Vertreter der später »Urmonotheismus« genannten Theorie wandte, die davon ausgin-
gen, dass sich Gott den ersten Menschen unmittelbar – und
in männlicher Form – offenbart habe. Auch noch der viel
gelesene David Hume hatte in seiner »Naturgeschichte der
Religion« von einem historischen Pendeln zwischen Mono-
und Polytheismus (Ein- und Mehrgötterglauben) geschrieben. Dagegen betonte Darwin, dass sowohl Mono- wie Polytheismus Ergebnisse einer langen Entwicklungsgeschichte
aus noch einfacheren Anfängen gewesen seien:

»Wir haben keine Beweise dafür, dass dem Menschen von seinem Ursprunge an der veredelnde Glaube an die Existenz eines allmächtigen Gottes eigen war. Im Gegenteil sind reichliche Zeugnisse, nicht von flüchtigen Reisenden, sondern von Männern, welche lange unter Wilden gelebt haben, beigebracht worden, dass zahlreiche Rassen existiert haben und noch existieren, welche keine Idee eines Gottes oder mehrerer Götter und keine Worte in ihren Sprachen haben, eine solche Idee auszudrücken.«[13]

Der später wiederkehrende Begriff vom »veredelnden Glauben [ennobling belief]« war dabei nicht nur als Verbeugung vor der teilweise religiösen Leserschaft zu sehen, sondern auch Ausdruck von Darwins Annahme, dass der spät entwickelte Monotheismus moralisches und kooperatives Potenzial habe. Zudem hielt er an seiner Auffassung fest, dass weder die Evolutionsforschung an sich noch die Zurückweisung der Urmonotheismus-Thesen die Gottesfrage selbst berührten. Dies bleibe eine metaphysische Frage: »Natürlich ist diese Frage von der andern völlig verschieden, ob ein Schöpfer und Regent des Weltalls existiert; und diese ist von den größten Geistern, welche je gelebt haben, bejahend beantwortet worden.«[14]
Da Gott und Götter jedoch nicht am Anfang der Evolutionsgeschichte der Religion stünden, seien sie, so Darwin, auch keine geeigneten Bestandteile einer evolutionären Definition von Religiosität. Stattdessen schlug er vor, wie am Anfang dieses Kapitels in Gänze zitiert, vom »Glauben an unsichtbare oder geistige Wesenheiten« auszugehen, »denn dieser Glaube scheint bei den weniger zivilisierten Rassen ganz allgemein zu sein.« Und er fügte selbstbewusst hinzu: »Auch ist es nicht schwer zu verstehen, wie er entstanden ist.«[15]

Um »das, was um ihn her vorgeht, zu verstehen« habe der frühe Mensch seine bereits entwickelten »Fähigkeiten der Einbildungskraft, Verwunderung und Neugierde, in Verbindung mit einem Vermögen nachzudenken« eingesetzt, um »über seine eigene Existenz dunkel zu spekulieren«. Und »nach ihrer Allgemeinheit zu schließen scheint die einfachste und dem Menschen sich zuerst darbietende Hypothese die gewesen zu sein, dass die Erscheinungen der Natur der Anwesenheit solcher zur Tätigkeit treibender Geister in Tieren, Pflanzen, leblosen Gegenständen und auch in den Naturkräften zuzuschreiben seien«.[16] Auch Träume könnten nun, da der »Geiste des Menschen« ausreichend entwickelt gewesen sei, als Bilder oder Botschaften solcher Wesenheiten gedeutet werden.[17]

Unerschrocken – eben wie bei allen anderen geistigen Fähigkeiten des Menschen auch – griff Darwin zu einem Tiervergleich, um die evolutionären Wurzeln – auch von Religiosität – zu verdeutlichen:

»Die Neigung der Wilden, sich einzubilden, dass natürliche Dinge und Kräfte durch geistige oder lebende Wesen belebt seien, wird vielleicht durch eine kleine Tatsache, welche ich früher einmal beobachtet habe, erläutert. Mein Hund, ein völlig erwachsenes und sehr aufmerksames Tier, lag an einem heißen und stillen Tage auf dem Rasen; aber nicht weit von ihm bewegte ein kleiner Luftzug gelegentlich einen offenen Sonnenschirm, welchen der Hund völlig unbeachtet gelassen haben würde, wenn irgendjemand dabei gestanden hätte. So aber knurrte und bellte der Hund wütend jedes Mal, wenn sich der Sonnenschirm leicht bewegte. Ich meine, er muss in einer schnellen und unbewussten Weise bei sich überlegt haben, dass Bewegung ohne irgend welche offenbare Ursache die

Gegenwart irgend einer fremdartigen lebendigen Kraft andeutete, und kein Fremder hatte ein Recht, sich auf seinem Territorium zu befinden.«[18]

Diese instinktiv-animistische Wahrnehmung sei dann beim Menschen später zunehmend abstrahiert worden, indem den ursprünglichen Geistern zunehmend personale Züge zugeschrieben worden seien. »Der Glaube an spirituelle Wesenheiten [agencies] wird leicht in den Glauben an die Existenz eines Gottes oder mehrerer Götter übergehen; denn Wilde werden naturgemäß Geistern dieselben Leidenschaften, dieselbe Lust zur Rache oder die einfachste Form der Gerechtigkeit und dieselben Neigungen zuschreiben, welche sie selbst in sich fühlen.«[19]

Dazu führte Darwin seine eigenen Begegnungen mit den ihrer Wildbeuterkultur entrissenen Feuerländern an Bord der HMS Beagle an:

»Die Feuerländer scheinen in dieser Beziehung sich in einem mittleren Zustande zu befinden, denn als der Arzt an Bord der Beagle einige junge Enten zum Aufbewahren als zoologische Exemplare schoss, erklärte York Minster in der feierlichsten Weise: ›Oh! Mr. Bynoe, viel Regen, viel Schnee, viele Blasen‹ – und dies wurde offenbar als zu befürchtende Strafe für das Verwüsten menschlicher Nahrung verstanden. So erzählte er ferner, dass, als sein Bruder einen ›wilden Mann‹ getötet habe, lange Zeit Stürme, Regen- und Schneefall geherrscht hätten.«[20]

Diese moralischen und das Verhalten beeinflussenden Regeln seien also bereits durch geglaubte Geister bewehrt, aber eben noch nicht durch den entwickelten Glauben an einen guten Gott und bösen Widerpart bekräftigt gewesen: »Und doch konnten wir nie finden, dass die Feuerländer an das glaubten, was wir einen Gott nennen würden, oder dass sie irgendwelche religiösen Gebräuche ausübten. Jemmy Button behauptete mit gerechtfertigtem Stolze fest und sicher, dass in seinem Lande kein Teufel sei, und diese letztere Bemerkung ist umso merkwürdiger, als bei den Wilden der Glaube an böse Geister bei weitem gewöhnlicher als der Glaube an gute herrscht.«[21] (Zu Jemmy Button/Jim Knopf vgl. Kap. 2.2.)

Religiöse Erfahrung gründete nach Darwin also nicht primär in der Vorstellungswelt abstrakter Annahmen, sondern in den Emotionen komplexer Beziehungen gegenüber Ranghöheren:

»Das Gefühl religiöser Ergebung ist ein in hohem Grade kompliziertes, indem es aus Liebe, vollständiger Unterordnung unter ein erhabenes und mysteriöses Führungswesen [exalted and mysterious superior], einem starken Gefühle der Abhängigkeit, der Furcht, Verehrung, Dankbarkeit, Hoffnung in Bezug auf die Zukunft und vielleicht noch anderen Elementen besteht. Kein Wesen hätte eine so komplizierte Emotion an sich erfahren können, bis nicht seine intellektuellen und moralischen Fähigkeiten zumindest auf einen mäßig hohen Standpunkt entwickelt wären.«[22]

Auch hierzu führte Darwin wiederum Tiervergleiche an:

»Wir sehen eine Art der Annäherung an diesen Geisteszustand in der innigen Liebe eines Hundes zu seinem Herrn, welche mit völliger Unterordnung, etwas Furcht und vielleicht noch anderen Gefühlen vergesellschaftet ist. Das Benehmen eines Hundes, wenn er nach einer Abwesenheit zu seinem Herrn zurückkehrt, und, wie ich hinzufügen kann, eines Affen bei der Rückkehr zu seinem geliebten Wärter, ist sehr weit von dem verschieden, was diese Tiere zueinander äußern. Im letzteren Fall scheinen die Freudenbezeugungen etwas geringer zu sein, und das Gefühl der Gleichheit zeigt sich in jeder Handlung. Professor Braubach geht so weit zu behaupten, dass ein Hund zu seinem Herrn wie zu einem Gott aufblickt.«[23]

Für Darwin waren damit Herkunft und graduelle Entstehung von Religiosität schlüssig erklärt, und er konnte sie in die bereits gängigen evolutionären Stufenleitern einordnen:

»Dieselben hohen, geistigen Fähigkeiten, die den Menschen dazu führten, zuerst an unsichtbare geistige Wesenheiten, dann an Fetischismus, Polytheismus und endlich Monotheismus zu glauben, werden ihn, so lange seine Verstandeskräfte nur wenig entwickelt waren, unfehlbar zu verschiedenen fremdartigen Gebräuchen und Formen des Aberglaubens geführt haben.«[24]

Nun aber müssten, so Darwin in Übereinstimmung mit fast allen akademischen Theologen vor und nach ihm, die rational-wissenschaftlichen »Verstandeskräfte« gerechtfertigte »veredelnde« Glaubensüberzeugungen von furchtbarem »Aberglauben« unterscheiden:

»Schon der Gedanke an viele Arten dieser ist schaudervoll, so das Menschenopfer an eine blutdurstige Gottheit, das Überführen unschuldiger Personen durch Gottesgerichte mit Gift oder Feuer, Zauberei usw. Und doch lohnt es sich, gelegentlich über diese Formen von Aberglauben nachzudenken, denn sie zeigen uns, in welch unendlicher Weise wir der Vervollkommnung unseres

Verstandes, der Wissenschaft und unseren aufgestapelten Kenntnissen zu Dank verpflichtet sind.«[25]

Spätestens hier wird also deutlich, dass man Darwin keinen biologistischen Reduktionismus von Religion unterstellen kann, sondern eine grundsätzliche Wertschätzung reflektierter Theologie(n) und Philosophie(n) beobachten kann. Darwin reduzierte nicht, sondern erkannte an, dass viel »Perfektion« religiöser Lehren »teilweise von den Interpretationen abhängt, die wir Metaphern und Allegorien auflegen«.[26] Umgekehrt sei die Evolution von Religiosität und schließlich des Monotheismus sogar »notwendig« gewesen, um die Menschheit zu höchster Moral zu befähigen[27] (vgl. Kap. 1.4)! Den verbreiteten Urmonotheismus-Thesen und der Vorstellung einer bereits perfekten Erschaffung des Menschen stellte Darwin damit das Narrativ eines menschlichen Aufstiegs gegenüber, zu dem empirische Wissenschaften, Philosophien und Theologien gleichermaßen beitragen könnten, ja sollten:

»Zu glauben, dass der Mensch vom Ursprung an zivilisiert gewesen sei, hieße eine sehr erbärmliche Ansicht von der menschlichen Natur hegen. Allem Anscheine nach ist es eine richtigere und wohltuendere Ansicht, dass Fortschritt viel allgemeiner gewesen ist als Rückschritt, dass der Mensch, wenn auch mit langsamen und unterbrochenen Schritten, sich von einem niedrigeren Zustande zu dem höchsten jetzt in Kenntnissen, Moral und Religion von ihm erlangten erhoben hat.«[28]

Biologische Veranlagung und soziokulturelle Evolution

Wenn Darwin also betonte, dass die menschliche Religiosität in biologisch-animistischen Veranlagungen wurzelte, die wir auch bei anderen Säugetieren wie Hunden und Affen fänden, so betonte er dabei doch immer wieder, dass nicht bestimmte Inhalte, sondern die Bereitschaft zum kulturellen Erwerb, ja, der habituellen (gewohnheitsmäßigen) Verinnerlichung religiöser Lehren vererbt würden:

»Es ist aber der Bemerkung wert, dass ein beständig während der früheren Lebensjahre eingeprägter Glaube, und zwar solange das Gehirn Eindrücken leicht zugänglich ist, fast die Natur eines Instinktes anzunehmen scheint – und das eigentliche Wesen eines Instinkts liegt ja darin, dass man ihm unabhängig vom Nachdenken folgt.«[29]

So wurden viele »absurde Gesetze des Benehmens« und »absurde religiöse Glaubensansichten« verbreitet,[30] zu denen Darwin – ganz Anglikaner – unter anderem den »sinnlosen Gebrauch des Zölibats«,[31] hinduistische Kastentabus[32] und Speisegebote zählte. Letztere dienten ihm sogar als Beleg dafür, dass zwar religiöse Veranlagungen, aber nicht Inhalte biologisch vererbt würden:

»Der hauptsächliche Grund, welcher mich mit Rücksicht auf irgendeine derartige Vererbung zweifeln lassen könnte, liegt in jenen sinnlosen Gebräuchen, abergläubischen Formen und Geschmacksrichtungen, wie das Entsetzen eines Hindus vor unreiner Nahrung, welche doch nach demselben Prinzip vererbt werden müssten. Obschon dies an sich vielleicht nicht weniger wahrscheinlich ist, so ist mir doch kein Zeugnis zur Unterstützung der

Annahme bekannt, dass auch abergläubische Gebräuche und sinnlose Gewohnheiten vererbt würden.«[33]

Die Macht dieser religiösen Gebote über das Verhalten sei dabei auch durch die »sozialen Instinkte« zu erklären, die Menschen außerordentlich empfindlich auf »Lob und Tadel« Dritter reagieren ließen:

> »Offenbar kann jeder mit einem weiten Gewissen seinen eigene eigenen Begierden befriedigen, wenn sie nicht mit seinen sozialen Instinkten sich kreuzen, d. h. mit dem Besten Anderer; aber um völlig vor seinen Vorwürfen sicher zu sein oder wenigstens vor Unbehagen, ist es beinahe notwendig, die Missbilligung seiner Mitmenschen, mag sie gerechtfertigt sein oder nicht, zu vermeiden. Auch darf der Mensch nicht die feststehenden Gewohnheiten seines Lebens, besonders wenn dieselben verständige sind, durchbrechen; denn wenn er dies tut, wird er zuverlässig ein Unbefriedigtsein empfinden; auch muss er gleichzeitig den Tadel des einen Gottes oder der Götter vermeiden, an welchen oder an welche er je nach seiner Kenntnis oder seinem Aberglauben glauben mag. In diesem Fall trifft aber oft noch die Furcht vor göttlicher Strafe ein.«[34]

Als überweltliche Verkörperung bewährter Regeln und damit von Kooperationsbeziehungen würden die potenziellen Vorteile von Religiosität die Kosten auch sinnloser »Abirrungen« evolutionär mehr als ausgleichen. Nicht unbedingt der einzelne religiöse Mensch, wohl aber die mit ihm verwandte Gruppe (der »Stamm«) werde so Überlebens- und Reproduktionsvorteile erhalten.

»Zuletzt wird sich dann unser moralisches Gefühl oder Gewissen gebildet haben, jene äußerst komplizierte Erscheinung, die ihren ersten Ursprung in den sozialen Instinkten hat, die in großem Maße von der Anerkennung unserer Mitmenschen geleitet, von dem Verstand, dem eigenen Interesse und in späteren Zeiten von tiefreligiösen Gefühlen beherrscht und durch Unterricht und Gewohnheit befestigt wird. Es darf nicht vergessen werden, dass, wenn auch eine hohe Stufe der Moralität nur einen geringen oder gar keinen Vorteil für jeden individuellen Menschen und seine Kinder in einem und demselben Stamm darbietet, doch eine Zunahme in der Zahl gut begabter Menschen und ein Fortschritt in dem allgemeinen Maßstab der Moralität sicher dem einen Stamm einen unendlichen Vorteil über einen anderen verleiht.«[35]

Auf diese Weise hätten sich die religiösen Veranlagungen zunehmend verbreitet und vertieft.

Religiöse und meditative Erfahrungen

In seinem Vergleich der Emotionen und Gefühlsausdrücke bei Menschen und Tieren von 1872 wandte sich Darwin schließlich noch einmal der Untersuchung spezifischer Erfahrungen zu. So widmete er ein Unterkapitel der Verehrung [»devotion«], die »der Zuneigung verwandt ist, allerdings überwiegend aus Ehrfurcht besteht, oft mit Angst kombiniert« sei. In einigen »Sekten, sowohl gestern wie heute« seien »Religion und Liebe seltsam verbunden« worden. Verehrung werde »vorwiegend durch das Ausrichten des Gesichtes zum Himmel, die Augäpfel empor gerichtet« ausgedrückt.[36] Allerdings seien diese Gebetspositionen – wie

Charles Darwins Evolutionsforschung zur Religion

auch jene des Betens auf Knien – nicht biologisch vererbt, sondern der kulturelle Ausdruck »des gängigen Glaubens, dass der Himmel, die Quelle göttlicher Macht, zu der wir beten, über uns thront«. Auch das Falten der Hände sei für das antike Rom noch nicht belegt, sondern habe erst später die »Unterwerfung« von »Sklaven« und »Gefangenen« gegenüber der Gottheit repräsentiert.[37]

Von dieser personal gerichteten Verehrung unterschied Darwin die »abstrakte Meditation«, die sich durch einen »leeren Ausdruck der Augen« und ein »Verlieren in Gedanken« ausdrücke.[38] Verblüffte [»perplexed«] Menschen würden die Hand zum Gesicht führen, »aber wir handeln so nicht, soweit ich beobachtet habe, wenn wir in Meditation tief verloren sind und uns keine Schwierigkeiten begegnen«.[39] Konzentriertes Nachdenken sei dagegen auch »bei einigen Wilden« mit Handbewegungen verbunden worden. »Wir können verstehen, warum die Stirn gedrückt oder gerieben werden sollte, während tiefe Gedanken unser Gehirn herausfordern; aber warum die Hand zum Mund oder Gesicht gehoben werden sollte, ist noch ungeklärt.«[40]

In seiner Autobiografie reflektierte Darwin schließlich auch darüber, dass er Erfahrungen »der Ergriffenheit [sublimity]« im brasilianischen Wald gemacht habe, die er seinerzeit auf Gott hin gedeutet habe, die ihm im Alter aber »wie einem farbenblinden Mann« entschwunden seien und ihn daher nicht mehr als Gottesbeweis überzeugten.[41] Die potenziell religiösen Erfahrungen und ihre reflektierende Deutungen erkannte er damit als zwei zwar situativ aufeinander bezogene, aber doch getrennt zu betrachtende Dimensionen (vgl. Kap. 1.2, 1.4, Kap. 3).

Kurze Blüte der evolutionären Religionsforschung

In der Formulierung seiner eigenen Begriffe und Hypothesen konnte sich Charles Darwin bereits auf eine Fülle von Vorarbeiten früherer sowie zeitgenössischer Kollegen und erster Kolleginnen stützen. Und auch nach seinen Veröffentlichungen setzte sich die Blüte evolutionärer Religionsforschung zunächst noch einige Jahrzehnte fruchtbar fort. So begründete Émile Durkheim (1858–1917) die entstehende Religionssoziologie noch selbstverständlich im Kontext der Evolutionstheorie. Max Weber (1864–1920) entfaltete eine evolutionäre Religionsgeschichte, die ausdrücklich ohne göttliche Intervention auskommen wollte. Und der Jesuitenpater und Paläoanthropologe Teilhard de Chardin (1881–1955) verknüpfte katholische Theologie und Evolutionsforschung so hartnäckig, dass er von seinem Orden mit Publikationsverboten belegt und nach China strafversetzt wurde – wo er bedeutende Hominidenfunde machte.[42] In den ersten Jahrzehnten des 20. Jahrhunderts hätte wohl fast jeder wissenschaftlich Informierte den baldigen Durchbruch empirisch-evolutionärer Religionstheorien in der Öffentlichkeit im Bereich der theologischen Wissenschaft erwartet.

Doch dann brach die Evolutionsforschung zur Religion wie auch zu anderen geistigen und kulturellen Phänomenen des Menschen unvermittelt ein – und wurde vielfach gar als gescheitert erklärt. Die interdisziplinäre Evolutionsforschung insgesamt und die evolutionäre Religionsforschung im Besonderen kamen auf Jahrzehnte hinaus nahezu zum Erliegen. Noch bei meinem Studium am Anfang des 21. Jahrhunderts hatte ich zu lernen, dass »der Evolutionismus« als frühe Stufe der Religionswissenschaft »längst überwunden« sei – ohne dass mir jemand überzeugend erklären konnte, was das Ergebnis gewesen oder woher sonst die Religiosität des Menschen gekommen wäre. Theologische Erklärungen göttlichen Eingreifens waren in unserem Fach natürlich erst Recht tabu und so erfuhr man auf eindringliches Nachfragen wahlweise, dass diese Fragen zu komplex für die Forschung wären bzw. dass man Religion (wie auch Musik, Sprache, Ästhetik usw.) doch bitte als »Phänomene sui generis« betrachten solle. Die Vertreterinnen und Vertreter des Intelligent-Design-Kreationismus hatten die wissenschaftlichen Debatten des 19. Jahrhunderts verloren, aber ihre ablehnende Haltung zur Evolutionsforschung am Menschen hatte sich im 20. Jahrhundert dennoch durchgesetzt. Die evolutionären Forschungen zu den höheren sozialen, geistigen und kulturellen Fähigkeiten des Menschen waren nicht nur eingestellt, sondern fast vollständig verdammt und vergessen worden. Erst langsam wird wieder an dem angeknüpft, was doch schon einmal erreicht schien.[43] Was war geschehen?

2.2 Das Desaster des Sozialdarwinismus

So wissenschaftlich bedeutend die Entdeckung der Evolutionstheorie auch war und bleibt, so bedrückend verlief doch ihre weltanschauliche und politische Rezeption – gerade auch durch Naturwissenschaftler –, und zwar von Anfang an. Im Namen des frühen »Darwinismus« wurde die Überlegenheit der Europäer über andere Völker und »Rassen« und des Mannes über die Frau ebenso behauptet wie die Notwendigkeit von Krieg, sozialer Ausgrenzung und schließlich gar der Sterilisierung oder gar Abtreibung »minderwertigen« Nachwuchses (Eugenik) bzw. der Tötung behinderter und kranker Menschen (Euthanasie). Darwin selbst beteiligte sich an diesen

Kampagnen nicht und litt an den Theodizee-Widersprüchen auch des malthusianischen Erbes. Er trat aber dem wachsenden Missbrauch des Darwinismus auch nicht offensiv entgegen und formulierte zudem zahlreiche Aussagen, auf die sich Sozialdarwinisten bis heute berufen können, zum Beispiel:

>>Wenn die verschiedenen, in den letzten beiden Absätzen speziell angeführten, und vielleicht andere jetzt unbekannte, Hemmnisse es nicht verhindern, dass die leichtsinnigen, lasterhaften und in anderer Weise niedriger stehenden Glieder der Gesellschaft sich in einem schnelleren Verhältnis vermehren als die bessere Klasse der Menschen, so wird die Nation rückschreiten, wie es in der Geschichte der Welt nur zu oft vorgekommen ist.<<[44]

Oder zu den Geschlechtern der Menschen:

>>Der Mann ist an Körper und Geist kraftvoller als die Frau, und im wilden Zustande hält er dieselbe in einem viel unterwürfigeren Stande der Knechtschaft, als es das Männchen irgend eines anderen Tieres tut; es ist daher nicht überraschend, dass er das Vermögen der Wahl erlangt hat.<<[45]

Auch rassistische Aussagen finden sich distanzlos zitiert in seiner >>Abstammung des Menschen<<:

>>Der sorglose, schmutzige, nicht höher hinaus wollende Irländer vermehrt sich wie ein Kaninchen; der frugale, vorausdenkende, sich selbst achtende, ehrgeizige Schotte, welcher streng in seiner Moralität, durchgeistigt in seinem Glauben, gescheit und diszipliniert in seinem Wesen ist,

verbringt die besten Jahre seines Lebens im Kampf und im Stand des Zölibats, heiratet spät und hinterlässt weniger Nachkommen. [...] In dem ewigen Kampfe ums Dasein wird die untergeordnete und weniger begünstigte Rasse es sein, welche vorherrscht, und zwar vorherrscht nicht kraft ihrer guten Eigenschaften, sondern kraft ihrer Fehler.«[46]

Andere gingen noch viel weiter. So war der Jenaer Zoologieprofessor Ernst Haeckel (1834–1919) nicht nur der bekannteste Vertreter des frühen Darwinismus in Deutschland. Er bezeichnete auch Politik als »angewandte Biologie«, vertrat offensiv Rassismus, Eugenik und Euthanasie, verhöhnte religiöse wie auch humanistische Einsprüche und ließ sich 1904 auf einem Freidenker-Kongress in Rom zum »Gegenpapst« ausrufen, bevor er 1906 mit dem »Deutschen Monistenbund« eine Gesellschaft begründete, die mit einer naturwissenschaftlich geschlossenen Weltanschauung die gewachsenen Religionen und Philosophien ablösen wollte. Die späteren Nationalsozialisten verboten zwar den Monistenbund, bedienten sich aber im Übrigen gerne, wo immer es ihnen opportun erschien, bei Haeckel und anderen sozialdarwinistischen »Vorarbeitern«.[47]

Auch in der Schweiz wurde der Evolutions-, Ameisen- und Hirnforscher, Sozialist, Pazifist, Bahai und einflussreiche Psychiater Auguste Forel (1848–1931) noch auf der Tausend-Franken-Note von 1976 und in rühmenden Ausstellungen in Bern (1988) und Zürich (1996) einseitig positiv als »Arzt, Naturforscher, Sozialreformer« dargestellt. Dass er »eugenische« Kastrationen und Sterilisationen nicht nur aktiv befürwortet, sondern auch ohne die Zustimmung Betroffener durchgeführt hatte, wurde lange ebenso verdrängt wie seine Überlegungen zum »Ausmerzen« der vermeintlich »niedrigsten Rassen« wie der von ihm so bezeichneten »Neger«.[48]

Im Machtbereich des NS-Regimes schlossen sich auch viele Biologen der NSDAP an. Zu ihnen gehörte der Ethologe (Verhaltensforscher) Konrad Lorenz (1903–1989), der später als Nobelpreisträger, »Vater der Graugänse« sowie der Ökologiebewegung und als Autor von Büchern zu evolutionärer Psychologie wie »Das sogenannte Böse« (1963) gefeiert wurde. Erst lange nach seinem Tod wurde breiter thematisiert, dass sich der junge Lorenz früh der NSDAP angeschlossen und sich an »rassenpsychologischen« sowie eugenischen Arbeiten der SS beteiligt hatte.[49]

In der so bis dahin führenden deutschsprachigen Religionswissenschaft sah es nicht besser aus. Der Tübinger Professor für Religionswissenschaft Jakob Wilhelm Hauer (1881–1962) begründete eine sozialdarwinistisch konnotierte »Deutsche Glaubensgemeinschaft«, wirkte früh im »Rassenpolitischen Amt der NSDAP« mit, schrieb Bücher wie »Glaube und Blut« (1938) sowie »Religion und Rasse« (1950) und trat mit Nachdruck für die Ersetzung kirchlich-theologischer Lehrstühle durch »arische Institute« sowie die Verfolgung konkurrierender Anthroposophen ein. Als von Himmler persönlich aufgenommenes Mitglied der SS stieg er dort bis zum Hauptsturmführer auf – und ließ sich nach dem Krieg ausgerechnet von Martin Buber (1878–1965) entlasten, den er im Auftrag des NS-Regimes bespitzelt hatte.[50] Der die Bonner Religionswissenschaft begründende Gustav Mensching (1901–1978) wirkte im NS-Dozentenbund mit, was erst seine Professur um 1942 ermöglichte. Und auch der rumänische und später in den USA reüssierende Religionswissenschaftler Mircea Eliade (1907–1986) engagierte sich in der rechtsextremistischen, gewaltbereiten und später mit der NSDAP paktierenden »Eisernen Garde«. Die Liste ließe sich weiter fortsetzen.

　　　　　　Charles Darwins Evolutionsforschung zur Religion

Dabei ließ sich nicht behaupten, dass sich entsprechendes Gedankengut zwangsläufig aus dem wissenschaftlichen Kenntnisstand ergeben hätte. Evolutionswissenschaftliche Alternativen zum »Sozialdarwinismus« lagen stets vor. Zu den frühen Bewunderern Charles Darwins zählte zum Beispiel Antoinette Brown Blackwell (1825–1921), eine der ersten Frauen, die in den USA Theologie studieren durfte und es gegen alle Widerstände zur ersten Pastorin der USA, Frauenrechtlerin, kundigen Vortragsrednerin sowie Wissenschaftsautorin brachte. Sie erkannte klar: Als religiös legitimierte Unterordnungen der Frau überwunden wurden, trat mit frauenfeindlichen Lesarten der Evolutionstheorie eine neue, naturwissenschaftlich verbrämte Abwertung auf, die beispielsweise Bildungschancen und politische Rechte von Frauen mit Verweis auf »die Natur« ablehnte. So antwortete sie Darwin und Kollegen bereits 1875 mit »The Sexes throughout Nature«, in dem sie argumentierte, dass sich die Geschlechter in der Evolution balanciert entwickeln würden: verschieden, aber gleichwertig. Darwins Paradebeispiel des Pfaus für »geschlechtliche Zuchtwahl« hielt Brown Blackwell die zahlreichen Beispiele von Vögeln entgegen, deren Geschlechter sich wenig unterschieden, da beide in die Versorgung der Nachkommen investierten und entsprechend geeignete Partner wählten. Hatte Darwin Jagd und Kampf und die maximale Vermehrung der Sieger als Haupttriebfedern des (menschlichen) Evolutionsprozesses ausgemacht, so wies sie darauf hin, dass der Aufzug von Menschenkindern vor allem Fürsorge und Kooperation erfordere. Damit hatte sie nach heutigem Kenntnisstand Wesentliches entdeckt und wurde doch kaum gehört. Darwin bestätigte 1869 dankend den Eingang ihres ersten Buches »Studies in General Sciences«, ging jedoch nirgendwo auf ihre Argumente ein.[51] Es sollte noch ein gutes Jahrhundert dauern, bevor auch Frauen und Kinder einbeziehende Hypothesen in der Evolutionsforschung überprüft, wesentlich bestätigt werden konnten und sich langsam durchzusetzen begannen.[52]

Zu den frühen Evolutionären, die den Malthusianismus und Sozialdarwinismus noch als schrecklichen Irrweg erkannten, zählte auch Alfred Russel Wallace, der Darwin um drei Jahrzehnte überlebte. Er erkannte schließlich, dass sich Menschen gerade nicht »naturgesetzlich« vermehren, sondern sich für Familie und Kinder entscheiden. Also plädierte Wallace dafür, durch die Verbesserung von Lebensbedingungen, Bildung und Gleichstellung von Frauen und Männern die allgemeinen Geburtenraten zu senken und die jungen, entsprechend gebildeten Leute selbst die für sie »körperlich und charakterlich« geeigneten Lebenspartner wählen zu lassen. Dann wären, so Wallace, weder Hungersnöte noch Kriege, Eugenik oder die Ermordung vermeintlich »Unfitter« vonnöten. Noch bis zu seinem Tod am 7. November 1913 warb Wallace eindringlich für ein freundlicheres Verständnis der Evolution – doch verhallten auch seine Argumente und Warnungen weitgehend ungehört.[53]

In Mexiko erhob der Philosoph, Essayist und Politiker José Vasconcelos (1882–1959) mit ähnlichen Argumenten die Stimme sowohl gegen europäische wie indigene Rassismen. Unter den Bedingungen von Gewalt oder auch geistiger Unfreiheit sei doch gar keine freie Partnerwahl der Menschen möglich. Erst also wenn diese Zustände überwunden seien, werde die »Eugenik der Gewalt« durch »Liebe und Ästhetik« übertroffen und eine »herzliche Vermischung der Rassen« zu allgemeinem Fortschritt führen: »Die gesamte Spezies wird sich physisch und charakterlich verändern: Die höheren Instinkte werden den Ausschlag geben, und wie in einer glücklichen Synthese werden sich die Schönheitsmerkmale, die in den verschiedensten Völkern vorhanden sind, dauerhaft durchsetzen.« Statt auf Gewalt und Abschottung solle (Latein-)Amerika den Auftrag erkennen, der mit der christlichen Botschaft der Liebe übereinstimme. Es gelte »die schicksalhafte Mission dieses Landes zu verwirklichen: die Mission, der Heimatboden einer aus allen Geschlechtern und Nationen bestehenden Menschheit zu sein.«[54]

Jahrzehnte später schufen die chilenischen Biologen Humberto Maturana und Francisco Varela (1946–2001) im Geiste Vasconcelos und im Auftrag der Organisation Amerikanischer Staaten (OAS) mit »Der Baum der Erkenntnis. Die biologischen Wurzeln menschlichen Erkennens« eine kooperative und erkenntnisorientierte Lesart des Evolutionsprozesses, die viel Anerkennung fand und als eigenständig lateinamerikanischer Beitrag zur interdisziplinären Evolutionsforschung gelten darf.[55]

In die gleiche Richtung argumentierte auch die politische Philosophin Hanna Arendt (1906–1975), die als Jüdin NS-Verfolgung überlebte und später unter anderem durch ihre Beobachtung des Eichmann-Prozesses in Jerusalem international Aufsehen erregte. Ihr zufolge bereiteten der »biologische Prozess des menschlichen Körpers«, der uns mit dem der Tiere verbinde, spätere kulturelle und intellektuelle Möglichkeiten des Menschen vor. Der konstruktiv schaffend-handelnde Mensch sei daher »von Geburt« selbst ein je einzigartiges und nie wiederholbares »Wunder« und wiederum mit jeder Entscheidung, die Neues, Einzigartiges in die Welt bringe, zu neuen Wundern fähig. Die Evolution erschien Arendt also gerade nicht als grausames Gefängnis und Schicksal, sondern als nach oben offener Prozess, der lebensbejahendes Engagement von Menschen ermögliche und ihnen damit einzeln wie auch als Art besondere Würde verleihe.[56]

Als starkes Argument für den Liberalismus deutete der aus Österreich stammende Wirtschaftsnobelpreisträger Friedrich August von Hayek (1899–1992) die Evolution. Im noch interdisziplinär brodelnden Wien der Jahrhundertwende in eine etablierte Naturwissenschaftlerfamilie geboren, hatte er schon früh Kollegen und Freunde seines Vaters wie den späteren Physiknobelpreisträger Erwin Schrödinger (1887–1961) und den Verhaltensbiologen (Ethologen) Konrad Lorenz kennengelernt. Mit seinem Großcousin Ludwig Wittgenstein (1889–1951) hatte er gemeinsam den Militärdienst geleistet und mit ihm den ersten Entwurf des »Tractatus logico-philosophicus« (1921) debattiert.[57] 1931 wurde der inzwischen in Jura und Volkswirtschaft Promovierte an die London School of Economics berufen und sorgte u. a. dafür, dass der aus einer jüdischen Familie stammende Karl Popper (1902–1994) und dessen Frau aus NS-Deutschland ins Vereinigte Königreich ausreisen konnten. Die beiden Professoren blieben zeitlebens sozial- und wissenschaftsphilosophische Weggefährten.[58] Hayek forderte bald den bereits etablierten Mainstream der Ökonomie heraus, nach dem der Markt über individualistisch nutzenmaximierende, vollständig informierte und absolut rationale Akteure [»Homo oeconomicus«] modelliert wurde. Er hielt die Annahmen nicht nur für unrealistisch, sondern auch für nichtüberprüfbar und damit unwissenschaftlich. Dagegen wollte er die Ökonomie nicht länger an Physik und Positivismus, sondern an evolutionärer Anthropologie, Erkenntnistheorie und Wissenssoziologie orientieren.[59] Innerhalb seiner Zunft damit weitgehend isoliert, wurde er 1944 mit seinem Buch »The Road to Serfdom« berühmt, in dem er gegen Nationalsozialismus und Sozialismus argumentierte, dass jede (!) geschlossene Ideologie und zentralistische Wirtschaftsplanung Wohlergehen und Zivilisation der Menschen unweigerlich zerstören würde. Denn die Vielfalt des Lebens sei von Menschen auch durch Wissenschaft nicht beherrsch- oder gar planbar, nur Freiheit und Vielfalt erlaubten das Entdecken und Entstehen von Neuem. Hayeks Verknüpfung von Evolutionsforschung und Liberalismus wurde dabei bereits deutlich: »Die Haltung des Liberalen zur Gesellschaft gleicht der eines Gärtners, der sich um eine Pflanze kümmert und so viel wie möglich über ihre Struktur und Funktionen erfahren muss, um ihr förderliche Bedingungen für ihr Wachstum zu schaffen.«[60] Auch Wissenschaftler sollten, so Hayek, die Selbstorganisation von Leben erforschen, ohne sich dabei anzumaßen, letzte Antworten geben zu können. Er argumentierte, dass die biologische Evolution bleibende Grundlage, aber nicht allein bestimmendes Prinzip der Menschheitsgeschichte sei. Entsprechend entschieden lehnte Hayek naturwissenschaftliche Reduktionismen wie den Malthusianismus ab. 1952 verfasste er »The Sensory Order«. Jahrzehnte vor dem populären Aufschwung von Evolutionspsychologie(n), Neurowissenschaften und evolutionärer Erkenntnistheorien, schuf er damit ein Werk über die Nervenstruktur des menschlichen Gehirns und die darauf aufbauende Evolution der menschlichen Wahrnehmung, das bis heute unter (den wenigen) Kennern sehr geschätzt wird.[61]

Entsprechend warnte der 1962 nach Freiburg berufene Hayek in seiner Nobelpreisrede von 1974 vor der »Anmaßung von Wissen«, mit der gerade auch ihre Erkenntnisse überschätzende Wissenschaftler Gewachsenes zerstören und Freiheiten ersticken könnten. Im Abschluss seines Lebenswerkes sprach und schrieb der bekennende Agnostiker (katholischer Konfession, kinderlos, geschieden und wiederverheiratet) ab 1982 auch über die Evolution von Religiosität und Religionen. Deren Bedeutung und für Zivilisationen unverzichtbare Funktion liege gerade auch darin, nicht-rationale Begründungen für Verhalten anbieten zu können. Auch würden Glaubende davon ausgehen, von den überempirischen »Wächtern der Traditionen« (wie Ahnen, Geistern und Göttern) in Bezug auf Gebots- und Regeltreue beobachtet zu werden. Im Verlauf ständiger (bio-)kultureller Evolution würden sich so immer wieder neue sinnstiftende, kooperative und kinderreiche Traditionen, Netzwerke und Gemeinschaften etablieren, ohne die gerade auch moderne Gesellschaften und Wirtschaftssysteme nicht bestehen könnten.[62]

Auch das breite und mutige Werk des Ökonomen und Sozialphilosophen ist bislang in großen Teilen zwischen den Gräben der Disziplinen versandet. Viele seiner heutigen »Anhängerinnen und Anhänger« vertreten Varianten des evolutionär widersinnigen »Homo oeconomicus«, den Hayek sein Leben lang als unwissenschaftlich erkannt und bekämpft hatte.

So bleibt zu konstatieren: Brown Blackwell, Wallace und die kleine Schar weiterer und späterer nicht-sozialdarwinistischer Evolutionsforscherinnen und -forscher sind bis heute außerhalb spezialisierter Fachkreise fast völlig unbekannt geblieben – wohl auch, weil sich in ihnen ernste Anfragen an das dominierende, sozialdarwinistische Milieu in der frühen, interdisziplinären Evolutionsforschung manifestierten.

Verdrängung statt Aufarbeitung

Nach dem Krieg hätte die Möglichkeit, ja Notwendigkeit bestanden, die Geschichte des Sozialdarwinismus aufzuarbeiten. Wissenschaftler hätten fragen können, warum so viele von ihnen dieser brutalen und letztlich menschenverachten-

Charles Darwins Evolutionsforschung zur Religion

den Lesart verfallen waren. Hatten sich – beginnend bei
Darwin selbst – wettbewerbliche und nationalistisch-rassisti-
sche Zeitströmungen so mit der Evolutionstheorie verbunden, dass sie fast ununterscheidbar geworden waren? Oder
waren umgekehrt die bald in unzähligen Varianten kur-
sierenden Evolutionserzählungen als Alternative zu den
etablierten Schöpfungsmythen einfach eine attraktive Möglichkeit für neue Ideologien, sich von den gewachsenen Kirchen und Religionsgemeinschaften abzugrenzen? Boten
evolutionäre Mythen im wissenschaftlichen Gewand ver-
unsicherten Menschen während rasanter Modernisierungs-
schübe Halt, die ihr Leben einerseits als wissenschaftlich-
technisch nach vorne stürmend, zugleich aber auch als
bedrohlich entwurzelt erlebten? Denken wir nur an die
tobende Aufregung, die noch in den 1920er Jahren Einsteins
Relativitätstheorie gerade auch in gebildet-bürgerlichen
Kreisen hervorgerufen hatte.[63] Auch der christliche Fun-
damentalismus erhielt mit »The Fundamentals. A Testi-
mony to the Truth« ab 1910 seine moderne Gestalt als Antwort auf tiefe Verunsicherungen durch gesellschaftliche
Umwälzungen und wissenschaftliche Erkenntnisse. Und
welche Rolle spielte bei der schnellen Verbreitung sozialdarwinistischer Lesarten gegenüber liberaleren Varianten
schließlich blanker Opportunismus, durch den sich ehrgeizige Wissenschaftler nationalistisch-rassistischen Bewegungen und Regimen empfehlen konnten?

Bis heute sind diese Fragen nicht umfassend erforscht und
beantwortet worden. Denn ausgerechnet die Natur-, Kultur-
und Geisteswissenschaftler, die in der Nachkriegszeit des
Westens tonangebend wurden, waren allzu häufig selbst entsprechend verstrickt gewesen. Statt einer gemeinsamen Aufarbeitung des Sozialdarwinismus wurde der interdisziplinäre
Dialog über Evolutionsfragen eingestellt: Die meisten Bio-

logen zogen sich auf die »unpolitische« Erforschung von Tieren und Pflanzen sowie insbesondere auf die wissenschaftlich wie wirtschaftlich ergiebigen Forschungsfelder der Genetik zurück. Kultur- und Geisteswissenschaftler einschließlich der Religionswissenschaftler wiesen umgekehrt den Biologen die Alleinverantwortung für den Sozialdarwinismus zu und grenzten sich empört und emotional tabuisierend von »Biologismen« und »Evolutionismen« ab. In diesem Geist der Verdrängung schrieb beispielsweise der deutsche Biologe Gerhard Heberer (1901–1973) in seinem Nachwort der deutschen Übersetzung der Jubiläumsausgabe von Darwins »Die Entstehung der Arten« (1859):

»Welch eine Fülle von Mißdeutungen hat die Theorie Darwins, der ›Darwinismus‹, im Laufe eines Jahrhunderts außerhalb der biologischen Wissenschaft [sic!] bis heute erfahren müssen, welche Wirkungen auf die Geschichte der Menschheit sind ihm zugeschrieben worden! Der ›Kampf ums Dasein‹ (so lautete die unglückliche Übersetzung des Ringens um die Existenz ins Deutsche) in der Natur, die ›rot an Zähnen und Klauen‹ (ein Wort von Tennysson) sei, wurde als Entschuldigung bezeichnet für die Ausbeutungspraktiken des industriellen Zeitalters, für die Rücksichtslosigkeiten des Merkantilismus, für die sozialen Kämpfe, für die Rassendiskriminierungen u. a. Als ob sich der Industrialismus nicht auch ohne Darwins Theorie so benommen hätte, wie er dies getan hat, als ob Bismarck wirklich (wie R. E. D. Clark 1954 meint) seine ›Angriffskriege‹ nicht auch geführt hätte, ohne vorher Darwin gelesen zu haben! Karl Marx glaubte den Darwinismus als naturwissenschaftliche Begründung seiner Lehren benutzen zu dürfen. Aber Darwin lehnte Marx ab. [...] Sorgen wir dafür, daß das mit dem Jahre 1959

Charles Darwins Evolutionsforschung zur Religion

begonnene Jahrhundert ein Jahrhundert *mit* Darwin wird! Denn die Selektionstheorie bietet der Menschheit die Chance für ihre biologische Zukunft.«[64]

Der Versuch Heberers, im empörten Gestus sozialdarwinistische »Missdeutungen« nur Nichtbiologen anzulasten und zugleich doch »die Selektionstheorie« wieder als »Chance« für die »biologische Zukunft« der Menschheit zu rehabilitieren, erschließt sich in bedrückender Weise durch den Blick auf seine Vorgeschichte. Der später so berühmte Direktor der bundesdeutschen »Anthropologischen Forschungsstelle« der Universität Göttingen war bereits 1933 in die SA eingetreten, konnte aber eine Professur in Frankfurt wegen Protesten katholischer Studierender zunächst nicht antreten. 1937 trat Heberer dann auch in die NSDAP und SS ein, amtierte, von Himmler protegiert, als »Rassenforscher« in der »SS-Forschungsgemeinschaft Deutsches Ahnenerbe« und erhielt 1939 eine Professur in Jena. Nach dem Zusammenbruch des NS-Regimes und zweijähriger Haft wurde Heberer 1947 »entnazifiert« und amtierte von 1949 bis zu seiner Emeritierung 1970 als geachtete anthropologische Autorität in Göttingen.[65] Eine ehrliche, interdisziplinäre Aufarbeitung der Verstrickungen von Evolutionsforschern in Sozialdarwinismus und Rassismus war in Deutschland lange Zeit kaum möglich.

Zu den wenigen Autoren, die sich mit der verdrängenden Abgrenzung nicht zufrieden gaben, sondern eine Neulesung der Evolutionstheorie unternahmen, gehörte der Schriftsteller und Anthroposoph Michael Ende (1929–1995). Sein »Jim Knopf« bezog sich auf das tragische Schicksal von Darwins Reisegefährten Jemmy Button auf der HMS Beagle. Die vermeintlich kindlich-harmlosen Geschichten, die Millionen von Kindern und Erwachsenen in bislang über 40 Sprachen begeisterte, stellten eine Abrechnung Endes mit der rassistischen Entstellung der Evolutionstheorie durch die Nationalsozialisten dar, die ihm selbst noch in der Schule vermittelt worden war. Statt der etablierten sozialdarwinistischen Lesarten der an die deutschen Nazis angelehnten »Drachen« entwarf Ende die Erzählung einer gelingenden abenteuerlichen Jugend des dunkelhäutigen Jim/Jemmy mit einem freundlichen England (Lummerland). Hier siegten nicht mehr Hass und Gewalt, sondern die Freundschaft zwischen Menschen verschiedenster Herkunft. Evolution wurde bei Ende als Prozess von Vielfalt, Entdeckung und Fortschritt beschrieben. Die Literaturwissenschaftlerin und Kunsthistorikerin Julia Voss legte zu Endes persönlicher Aufarbeitung des Sozialdarwinismus 2009 eine eindrucksvolle Arbeit vor.[66]

Der sozialistische Lyssenkoismus

Auch in der Sowjetunion und den später sozialistischen Staaten Osteuropas erfolgte keine Aufarbeitung, sondern eine Verdrängung der sozialdarwinistischen Verstrickungen früher Sozialisten. Stattdessen geriet die Genetik früh in Verdacht, die revolutionäre Veränderbarkeit der menschlichen und vom Menschen bewirtschafteten Natur und damit Grundprinzipien des Sozialismus zu verleugnen. Bereits ab 1937 erfolgten die ersten Verhaftungen von genetisch forschenden Biologen. 1943 setzte Stalin schließlich den ihm ergebenen Agrarbiologen Trofim Denissowitsch Lyssenko (1898–1970) zum Direktor des Instituts für Genetik der Akademie der Wissenschaften ein. Sein Amtsvorgänger wurde inhaftiert und dem Hungertod preisgegeben. Lyssenko setzte eine ideologisch verbrämte Pseudowissenschaft der »sozialistischen Biologie« mit Berufung auf den schon erwähnten

Jean-Baptiste de Lamarck und den russischen Botaniker Iwan Mitschurin (1855–1935) durch und versprach, damit die Ernteerträge vervielfachen zu können. Die Akademie der Landwirtschaftswissenschaften V. I. Lenin, der Lyssenko ebenfalls als Präsident vorsaß, verbot 1948 die Fortsetzung aller genetischen Forschungen unter anderem mit dem bemerkenswerten Argument, dass bedeutende westliche Biologen wie der US-Amerikaner Thomas Morgan (1866–1945) und der Deutsche August Weismann (1834–1914) die Evolutionstheorie und den Gottesglauben für vereinbar hielten. Im Beschluss der Lenin-Akademie, der dann auch für die sozialistischen »Bruderstaaten« verbindlich wurde, hieß es:

»Mitschurins materialistische Richtung in der Biologie ist die einzige akzeptable Form der Wissenschaft, weil sie auf dem dialektischen Materialismus und auf das revolutionäre Prinzip der sich verändernden Natur zum Nutzen der Menschen aufbaut. Die Weismannistische-Morganistische idealistische Lehre ist pseudowissenschaftlich, weil sie auf die Idee des göttlichen Ursprungs der Welt gründet und weil sie ewige und unveränderliche wissenschaftliche Gesetze annimmt. Der Kampf zwischen diesen beiden Ideen nahm die Form eines ideologischen Klassenkampfes zwischen Sozialismus und Kapitalismus in einem internationalen Ausmaß, und in kleinerem Maße auch zwischen der Mehrheit der sowjetischen Wissenschaftler und einigen wenigen verbliebenen russischen Wissenschaftlern, die an Resten der bürgerlichen Ideologie festhielten, an. Es gibt keinen Platz für einen Kompromiß. Mitschurinismus und Morganismus-Weismannismus können nicht miteinander vereinbart werden.«[67]

Lyssenko konnte sich durch die Amtszeiten Stalins und Chrustschows hindurch halten und wurde erst 1965 abgesetzt, obwohl der inzwischen nach ihm benannte Lyssenkoismus nicht nur wissenschaftlich längst völlig gescheitert war, sondern in der »Anwendung« zu verheerenden Missernten, katastrophalen Hungersnöten sowie Hinrichtungen Unschuldiger wegen vermeintlicher Sabotage beigetragen hatte. Auch in den sozialistischen Staaten einschließlich der DDR kehrte die Biologie schließlich ab den 1970er Jahren stillschweigend zur Genetik zurück, ohne dass kritische Auseinandersetzungen über sozialdarwinistische oder lyssenkoistische Vermengungen von Ideologie und Wissenschaft möglich gewesen wäre. In Deutschland setzte sich bislang der Biologe Johannes Siemens von der Technischen Universität Dresden fast alleine für die noch kaum erfolgte Aufarbeitung dieses dunklen Kapitels der Wissenschaftsgeschichte ein.[68]

Der genetische Neodarwinismus

Mit der »synthetischen Evolutionstheorie alias Neodarwinismus« verkündeten Biologen schließlich ab den 1970er Jahren die »Vereinigung des Darwinismus mit der Genetik«.[69] Der Bezug auf Darwin war dabei insofern ein Kunstgriff, als Darwin selbst von Genen nichts gewusst und »lamarckistisch« die Vererbung erworbener Eigenschaften vertreten hatte. Ganz anders übrigens Wallace, der bereits »neodarwinistisch« vorgedacht und frühe Genetiker wie Weismann beeinflusst hatte, aber dennoch öffentlich weiter unbeachtet blieb. Dafür erbrachten die »Neodarwinisten« faszinierende, mathematische Modelle und neben der genetischen Umdeutung auch die zunehmende Verdrängung der kultur- und geisteswissenschaftlichen Arbeiten Darwins. »Nichts in der Biologie macht Sinn außer im Lichte der Evolution!«, prägte Theodosius Dobzhansky (1900–1975) schließlich das bekannteste Zitat jener Epoche, das ebenso den Triumph der genetischen Modellbildung wie auch den Rückzug der Evolutionsforschung auf die Biologie markierte. Das bis heute populäre Zitat war dabei Titel eines Artikels für eine US-Lehrkräftezeitschrift, in dem Dobzhansky die Vereinbarkeit von Evolutionsforschung und Gottesglauben vertrat und sich selbst als Christ (»Kreationist und Evolutionist«) bekannte.[70]

Richard Dawkins

Vereinzelt gab es seit den 1970er und 1980er Jahren Versuche, Evolutionsforschung doch wieder interdisziplinär zu betreiben – nicht zufällig in Großbritannien und den USA, deren Wissenschaftskulturen weniger zu verdrängen hatten. An Darwins eigene Arbeiten schlossen diese Versuche jedoch nicht an. So propagierte Richard Dawkins ab den 1970er Jahren die »Memetik«, die gewissermaßen den Neodarwinismus in die Kulturwissenschaften hinein verdoppeln sollte. Analog zu den biologischen Genen hätten sich, so Dawkins, kulturelle »Meme« in den menschlichen Gehirnen und Kulturen ausgebreitet und teilweise »Memplexe« wie Romane oder Religionen gebildet. Als Metapher bis heute insbesondere unter Digital Natives außerordentlich populär, scheiterte der Ansatz jedoch an der fehlenden Definition und Überprüfbarkeit des Mem-Konzeptes. Ein Journal of Memetics musste wieder eingestellt werden, weil keine einzige empirisch belastbare Arbeit gefunden und veröffentlicht werden konnte.[71]

Edward O. Wilson

1975 veröffentlichte dann der bedeutende Ameisenforscher Edward O. Wilson das Buch »Soziobiologie: Die Neue Synthese«[72], das die impliziten Tabus frontal herausforderte. Es löste quer durch die Disziplinen einerseits Begeisterung aus, rief aber auch ebenso helle Empörung hervor. Da half es auch nicht, dass Wilson das Buch mit einem bedenkenswerten Zitat der Bhagavad Gita – einer zu jener Zeit auch an US-Universitäten populären Heiligen Schrift des Hinduismus – eingeleitet hatte. Nach 545 Seiten zum sozialen Verhalten von Mikroorganismen, Ameisen, Fischen, Vögeln, Säugetieren und Primaten hatte Wilson auch 30 Seiten dem Verhalten des Menschen gewidmet, einschließlich seiner Sexualität und Religiosität; hierbei stützte er sich auf evolutionäre Ansätze von Émile Durkheim und Max Weber. Für seine Arbeit erntete er erbitterte und lautstarke Vorwürfe von Studierenden und Kollegen und schließlich gar die Störung von Vorlesungen, bei der ihm unter anderem vor vollem Hörsaal ein Eimer Wasser über den Kopf geschüttet wurde. Bei den Angreifern handelte es sich dabei nicht etwa um religiöse Fundamentalisten, sondern um politisch linksorientierte Studierende und auch Lehrende, die ihre Weltbilder als »aufgeklärt« und »wissenschaftlich« verstanden wissen wollten, »darwinistische« Perspektiven auf den Menschen jedoch für falsch und sogar gefährlich hielten. Auch biologische Fachkollegen wie Stephen Jay Gould (1941–2002) warfen Wilson öffentlich vor, mit der Einbeziehung des Menschen Grenzen überschritten und »Reduktionismus« sowie »genetischen Determinismus« befördert zu haben.[73] Und klang Soziobiologie nicht allzu sehr wie Sozialdarwinismus und rührte damit an Verdrängtem?

Charles Darwins Evolutionsforschung zur Religion

Angesichts des lautstarken und teilweise übergriffigen Widerstandes knickte Wilson aber nicht etwa ein, sondern legte mit einem eigenen Buch zur Natur des Menschen – »On Human Nature« (1978) – nach. Es enthielt ein eigenes Kapitel über die Religion des Menschen und wurde mit dem Pulitzerpreis ausgezeichnet.[74] Zwischen den Disziplinen stehend wurde es von den wissenschaftlichen Kolleginnen und Kollegen dennoch weitgehend abgewehrt und führte nur vereinzelt[75] zur Wiederaufnahme interdisziplinären Forschens.

Das frühe 21. Jahrhundert

Trotz allem ist seit einigen Jahren wieder eine spürbare Belebung der interdisziplinären Evolutionsforschungen in Gang gekommen, die sich gegen die etablierten Abgrenzungen durchzusetzen beginnen. Von womöglich entscheidender Bedeutung dafür war das Aufblühen der bildgebenden Verfahren in der Hirnforschungen seit den späten 1980er Jahren, die als solche nicht sozialdarwinistisch vorbelastet waren und zugleich hohe Relevanz für das menschliche Selbstverständnis wie auch praktische Anwendbarkeit versprachen. Früh wurden auch Aktivitätsmuster bei Meditationen und später auch bei Gebeten erkundet und verglichen und der sperrige Begriff der »Neurotheologie« bereits 1984 von einem evangelikalen Kommentator – durchaus hoffnungsvoll – formuliert. Als US-Präsident George Bush sen. 1990 eine »Dekade des Gehirns« ausrief, um die Intensivierung der neurowissenschaftlichen Forschung voranzutreiben, gab es ebenso wenig Proteste wie ein Jahrzehnt später bei einer vergleichbaren Initiative in Deutschland. Längst waren neurologisch-konstruktivistische Motive über Cyberspace-Motive ohnehin als Bücher und Filme tief in die Populärkultur eingedrungen.[76]

Stellvertretend für das auch öffentlich wachsende Interesse an interdisziplinären Fragen sei der Erfolg der deutschsprachigen Wissenschaftszeitschrift »Gehirn & Geist« erwähnt, die seit ihrem Ersterscheinen 2002 Natur-, Kultur- und Geisteswissenschaftler zusammenführt und damit zu einem Überraschungserfolg wurde. Binnen weniger Jahre erschienen Ausgaben in Spanien, dann in Frankreich, Brasilien, den USA, den Benelux-Staaten sowie in Polen und Japan. Aus den geplanten vier Ausgaben pro Jahr in 2002 wurden zehn Ausgaben und zusätzlich bis zu sechs Jahres-Sonderheften zu Themen wie »Kindesentwicklung« oder eben »Neurotheologie«. Notwendig interdisziplinäre Debatten um die Existenz des freien Willens, Altruismus und Kooperation, aber auch über Neuro-Enhancement (die Einnahme pharmazeutischer Mittel zur geistigen Leistungssteigerung), die Grenzen von bildgebenden Verfahren in der Hirnforschung sowie empirische Forschungen zu Spiritualität und Religiosität stießen auf breites Interesse und werden in weiteren Medien sowie zunehmend im Internet verbreitet.[77]

Die neuen Medien verkürzen die Entfernung zu und die Findbarkeit von Arbeiten und Perspektiven von Kolleginnen und Kollegen anderer Länder und Disziplinen auf wenige Klicks und Links. Interdisziplinäre Netzwerke und Blogs ermöglichen und befördern die dazugehörenden Diskussionen sowie entsprechende Publikationen. Entsprechend lassen sich die Öffentlichkeit und aufgeweckte Studierende immer weniger von überkommenen Abgrenzungen beeindrucken, sie fordern zunehmend Brückenschläge und echten Austausch anstatt wechselseitiger Ignoranz. Auch die Politik hat den Druck erhöht und fördert zunehmend übergreifende

Forschungsvorhaben und Institute wie das Max-Planck-Institut für evolutionäre Anthropologie. Zugleich zeigt die große Nachfrage nach den minderheitenfeindlichen, rassistischen und eugenischen Assoziationen zum Beispiel des Volkswirtes Thilo Sarrazin, dass die Faszination sozialdarwinistischer Argumentationen nicht erloschen ist und an einer historischen und inhaltlichen Auseinandersetzung mit ihr kein Weg vorbeiführen wird. Keine Ahnung von Evolutionsforschung zu haben und also selbst gröbste Fehler nicht benennen zu können heißt somit auch, sich vor solchen Missbräuchen nicht schützen zu können.

Und dennoch wäre es wohl verfrüht, die noch immer erheblichen Widerstände gegen interdisziplinäre und reflektierte Evolutionsforschung zu unterschätzen. Noch immer sind die Vorbehalte und Vorwürfe erheblich und nicht wenige Kultur- und Geisteswissenschaftler, die »zuletzt in der Schule« über Evolution gehört haben, fühlen sich vom Aufschwung dieser Arbeiten bedroht und überfordert – einige positive wie auch negative Erfahrungen dazu finden sich in der Einleitung dieses Buches. Doch immerhin konnte der bedeutende Religionssoziologe Robert N. Bellah, der 1967 das rousseausche Konzept der »Zivilreligion« in politisch-gesellschaftlichen Kontexten weltweit fruchtbar gemacht hatte,[78] 2011 bereits wieder die Religionsgeschichte in der Evolutionsgeschichte des Menschen verankern, ohne damit einen Entrüstungssturm auf sich zu ziehen. Doch obwohl sein »Religion in Human Evolution. From the Paleolithic to the Axial Age« eine gelehrte Monografie von knapp 750 Seiten ist, bezieht auch sie sich nur auf die Evolutionstheorie im Allgemeinen, nicht aber auf Darwins eigene Evolutionsforschungen im Bereich der Religion.[79]

Im deutschen Sprachraum schreitet die interdisziplinäre Wiederentdeckung des bedeutenden Bürgerwissenschaftlers in weniger tabuisierten Forschungsfeldern ebenfalls voran. Mit »Wozu Kunst? Ästhetik nach Darwin« legte so der Berliner Literaturwissenschaftler Winfried Menninghaus jüngst eine solche gelungene Einführung in dessen evolutionäre Annahmen und den heutigen Forschungsstand rund um Fähigkeiten und Wahrnehmungen von Schönheit, Musik und bildenden Künsten vor.[80]

2.3 Der heutige Erkenntnisstand in der Evolutionsforschung zur Religion

Das Desaster des Sozialdarwinismus und die nachfolgende Verdrängung und Tabuisierung evolutionärer Forschungsansätze hatte die Rezeption auch von Darwins eigenen Arbeiten zur Evolution von Religiosität und Religionen nicht nur zum Erliegen gebracht, sondern auch in Vergessenheit gestürzt. Ohne ihr empirisch-historisches Fundament taumelte auch die in ihrer Gründungszeit so maßgebliche europäische Religionswissenschaft orientierungslos zwischen Religionsphänomenologien, -psychologien, -soziologien, -geschichte und -philologien umher. Eine gemeinsame Sprache, die diese so verschiedenen Perspektiven hätte verknüpfen und integrieren können, gab es mit Aufgabe der Evolutionsforschung nicht mehr. In der traurigschönen Formulierung von Carlos Marroquin und Hubert Seiwert litt Religionswissenschaft fortan an einem anhaltenden Theoriemangel, dem »nur durch die Transfusion von theoretischen Ansätzen benachbarter Wissenschaften begegnet werden konnte«.[81] Erst in den letzten Jahren haben wieder anerkannte Größen der Religionswissenschaft wie Robert Bellah die Evolutionsgeschichte und -forschung als einzig haltbaren Rahmen empirischer Forschungen wiederentdeckt.[82] Auch im deutschen Sprachraum haben vor allem jüngere Forscher wie Dirk Johannsen (Schweiz) und Sebastian Schüler (Deutschland) inzwischen wieder reflektiert und erfolgreich an den Ursprüngen angeknüpft.[83]

Eine bedeutende Rolle im Hinblick auf neurobiologische Forschungen zu Religiosität und Spiritualität spielten zudem auch buddhistische Praktizierende, die einer wissenschaftlichen Erkundung von Gehirntätigkeiten grundsätzlich positiv gegenüberstanden und von religiösen Autoritäten wie dem Dalai Lama sogar zur aktiven Mitarbeit aufgefordert wurden. Mit James Austins »Zen and the Brain« (1999) entstand so ein erster Klassiker im seitdem boomenden Bereich der Hirnforschung zu spirituellen und religiösen Erfahrungen.[84] Mit »Die Vermessung des Glaubens« (2008) gelang es so auch dem Physiker und ZEIT-Autor Ulrich Schnabel ein breiteres Publikum für diese Forschungen zu interessieren.[85]

Auch der erste, interdisziplinäre Sammelband zur evolutionären Erforschung einer bestimmten religiösen Tradition behandelte nicht etwa das Christentum, sondern führte mit »Judaism in Biological Perspective. Biblical Lore and Judaic Practices« (2009) renommierte jüdische Natur-, Kultur- und Geisteswissenschaftler wie den Vogelkundler Amos Zahavi und den Religionssoziologen Richard Sosis unter der Herausgeberschaft von Rick Goldberg zusammen.[86]

2002 bescherte zudem der in den USA lebende, französische Anthropologe Pascal Boyer der so lange schlummernden Kognitionsforschung zur Religion mit »Der Mensch schuf Gott« wieder einen nachhaltigen Schub, in dem Darwins eigene evolutionäre Hypothesen dazu jedoch keine Erwähnung fanden.[87] Im selben Jahr forderte der Biologieprofessor David Sloan Wilson, Sohn des berühmten, US-amerikanischen Literaten Sloan Wilson (1920–2003), mit seinem wegweisenden Buch »Darwin's Cathedral. Evolution,

Religion, and the Nature of Society« die bis dahin vorherrschende, anti-religiöse und »gen-egoistische« Lesarten in
der Evolutionsforschung heraus.[88]

Stellvertretend für eine neue und betont unerschrockene
Generation steht auch der amerikanisch-irische Kognitions-
und Evolutionspsychologe Jesse Bering, Direktor des Institute of Cognition and Culture an der Queen's University
Belfast. Bekennend atheistisch und homosexuell ließ er sich
durch die gängigen Einwände gegen evolutionäre Studien
zur Religiosität nicht abschrecken, sondern sorgte mit
einer Reihe kreativer Experimente für Aufsehen. So konnte
er nachweisen, dass Studierende am Computerbildschirm
seltener schummelten, wenn ihnen zuvor erzählt worden
war, »ein Geist« sei vergangene Nacht im Prüfungsraum
gesichtet worden. Kinder rührten in Abwesenheit der Mutter (aber unter Beobachtung einer verborgenen Kamera)
seltener eine noch verschlossene Geschenkebox an, wenn
ihnen zuvor versichert worden war, eine »liebe, unsichtbare
Prinzessin Alice« halte sich im Raum auf. Und spanische
Kindergartenkinder berichteten nach einem Theaterstück
über den tragischen Tod einer Puppenmaus über deren
geistige und emotionale, nicht aber körperliche Jenseits-
existenz – wobei diese instinktiven Auffassungen in katho-
lischen Einrichtungen nicht etwa aufgebaut, sondern nur
länger erhalten wurden als in nichtreligiösen Häusern. In
»Die Erfindung Gottes« (2010) schilderte Bering entsprechend das evolutionäre Bild von Religiosität als einer Tendenz des »Glaubens an übernatürliche Wesen«, von denen
wir uns beobachtet wähnen und denen wir durch »Mentali-
sierung« soziale Bedürfnisse und Werturteile zuschreiben,
wie wir sie auch selbst besitzen. Schon aus Angst vor Strafe
und Reputationsverlust verhielten sich daher Glaubende
stärker entlang der tradierten Verhaltensweisen – Geister,

Charles Darwins Evolutionsforschung zur Religion

Götter und schließlich Gott würden zur »adaptiven Illusion«.[89] Wie mir der Kollege auf meine direkte Nachfrage bei einer Konferenz in Bristol versicherte: Was geradezu verblüffend nach Darwins eigenen Begriffen und Hypothesen klingt, ist ein Jahrhundert nach dem Begründer der Evolutionsforschung noch einmal unabhängig von ihm entdeckt worden. Bering kannte die entsprechenden Passagen aus Darwins »Abstammung des Menschen« nicht.

In einer Gesamtschau lässt sich festhalten, dass Darwin den heutigen Forschungsstand der Evolutionsforschung zur Religion in vielem beeindruckend vorweggenommen hat, in einigen Aspekten jedoch auch als widerlegt gelten muss.

Darwins Religionshypothesen aus heutiger Sicht

Schrieb Darwin von den schon bei Tieren aufzufindenden, präanimistischen »Instinkten« und »spirituellen Wesenheiten [spiritual agencies]«, die die Grundlage von kulturell ausgeprägten Ahnen-, Geister- und später (!) Götterglauben gebildet hätten, so ist heute analog die Rede von den »kognitiven Veranlagungen«, die zu Glaubensannahmen von »übernatürlichen bzw. (präziser) überempirischen Akteuren« führten. Auch die von Darwin vermutete Stufenfolge von animistischen über poly- bis zu heno- und monotheistischen Vorstellungen bestätigte sich dabei in ethnologischen Vergleichen – und zwar nicht im Sinne einer linearen Hochentwicklung, sondern als (bio-)kulturelle Antwort auf konkret wachsende Kooperationsanforderungen in Dörfern, Städten, Staaten und zunehmend globalisierten Wirtschaftsbezügen.[90] Ebenso konnte das Phänomen, wonach die verschiedenen Weltreligionen zunehmend ähnliche Kooperationsgebote wie die von Darwin so gerühmte »Goldene

Regel« aufwiesen, evolutionsgeschichtlich wie auch mathematisch-spieltheoretisch schlüssig erklärt werden.[91]

Einige kognitionspsychologisch arbeitende Religionswissenschaftler wie Justin Barrett vertraten die Auffassung, dass der Kooperation befördernde Glauben an überempirische Akteure notwendig für die Entfaltung sozialer Strategien in der Evolution des Menschen gewesen seien. Doch sowohl vergleichende Studien an sozial lebenden Primaten wie auch das vergleichsweise späte Auftreten religiösen Verhaltens – archäologisch sicher belegt erst bei späten Homo neanderthalensis und Homo sapiens – stärken hierbei eindeutig Darwins Position, wonach »das Gefühl religiöser Ergebung« nicht hätte evolvieren können, bevor nicht die »intellektuellen und moralischen Fähigkeiten zum mindesten auf einen mäßig hohen Standpunkt entwickelt wären«[92] (vgl. Kap. 1.4). So betonen auch heutige Religionswissenschaftler wie Sebastian Schüler, dass »kollektives Verhalten eine wesentliche Voraussetzung für die Entstehung von religiösem Verhalten war. […] Religiöses Verhalten erhält dann eine adaptive Funktion in der Evolution des Menschen, weil es die Gruppenzugehörigkeit und Kohäsion sichert.«[93]

Überrascht wäre Darwin gleichwohl über Befunde gewesen, wonach auch bei kulturellen Traditionen des Menschen nicht einfach ein Aufstieg von primitiven zu immer komplexeren Formen zu beobachten wäre. So erweisen sich die oft nur in kleineren Volksgruppen gesprochenen Sprachen auch heutiger Jäger und Sammler als grammatikalisch komplexer und vor allem lautreicher als die in Städten und auf globalen Märkten angewandte ihrer Zeitgenossen. Denn in den weitgehend egalitären Sozialstrukturen von Wildbeutern, in denen auch ein Ansammeln und Zurschaustellen von Besitz kaum möglich ist, erweisen sich kunstvolle Sprachfertigkeiten als sehr viel wichtiger als in Agrar- und Marktgesellschaf-

Charles Darwins Evolutionsforschung zur Religion

ten, in denen Reputation über Status, Besitz und »Image« ausgehandelt wird und Sprachen zunehmend auf Kommunikations- und Informationszwecke hin vereinfacht werden.[94] Es kann also keine Rede davon sein, dass kulturelle Traditionen grundsätzlich komplexer und bedeutender würden, vielmehr können sie durchaus auch ausdünnen oder gar – denken wir an mündlich tradierte Märchenerzählungen – verdrängt werden und erlöschen.

Aus heutiger Sicht beging Darwin zudem einen geradezu klassischen Fehler von Theologen, als er Religiosität zwar über Glaubensannahmen definierte, aber übersah, dass Mitmenschen diese nicht direkt beobachten können. Ob und wie stark eine Glaubensüberzeugung tatsächlich geteilt wird oder ob es sich nur um ein leicht zu fälschendes Lippenbekenntnis zur Erlangung von Vertrauensvorschüssen handelt, mag gegebenenfalls der Gottheit, nicht aber dem anderen Menschen eindeutig erkennbar sein. Die heutige Evolutionsforschung erkundet den Großteil gegenwärtiger Verhaltens-, Kleidungs-, Speise- und Zeitgebote, die Darwin als nutzlose Atavismen (Überbleibsel) früherer Zeiten erschienen, als lebendige, glaubwürdige Signale, die die Glaubenden füreinander erkennbar und damit vertrauenswürdig(er) machen. So schlossen sich zuletzt gerade auch evolutionär forschende Religionswissenschaftler der Position des Neuropsychologen Merlin Donald an, wonach die höheren Fähigkeiten des menschlichen Geistes zunächst in gemeinschaftlichem »mimetischen« Verhalten, dann in gemeinschaftlichen »mythologischen« Erzählungen und erst ganz am Ende in abstrakten, »theoretischen« Lehren ausgeprägt worden seien.[95]

Sehr viel weitreichender auch mit Bezug auf die Evolutionsforschung zur Religion erweist sich jedoch Darwins so fatale Übernahme des Malthusianismus. Diese, wie wir heute wissen, falsche Annahme führte dazu, dass Darwin einerseits die Bedeutung von Krieg und Gewalt überschätzte und andererseits das demografische Potenzial von Religiosität sowie die Rolle der Frauen in der Evolutionsgeschichte des Menschen und ihrer religiösen Traditionen unterschätzte. Das kooperative Potenzial religiöser Vergemeinschaftungen erkannte er zu Recht – doch nahm er malthusianisch an, dass es vor allem bei Stammeskämpfen eine Rolle gespielt habe. Entsprechend waren für ihn religiöse und ethnische Zugehörigkeiten auch stets deckungsgleich. Den bereits von Adam Smith (1723–1790) so ausführlich beschriebenen Wettbewerb von Religionsgemeinschaften innerhalb freier Gesellschaften gerade über das Angebot von Bildungs- und Betreuungseinrichtungen auch über ethnische Abgrenzungen hinweg überging Darwin.

Heute darf dagegen als gesichert gelten, dass Menschen auch schon vergangener Jahrtausende bewusst über Kinderwünsche reflektierten und sich je nach wirtschaftlichen Gegebenheiten, abhängig von der Qualität ihrer Familien- und Gemeinschaftsbeziehungen wie aber auch von religiösen Überzeugungen mehr oder weniger häufig zu (weiteren) Kindern entschlossen. Religiöse Institutionen der Vergangenheit und Gegenwart widmeten sich signifikant häufiger der Versorgung und Bildung von Kindern und der Stärkung von Familien – bis hin zur Institutionalisierung von Rollen zölibatärer »Helfer am Nest«, die zugunsten des gemeinschaftlichen Kinderreichtums auf eigene Familien verzichten. So setzten sich im biokulturellen Evolutionsprozess immer wieder der kinderreichere Varianten (etwa der Old Order Amisch) gegenüber geburtenarmen Konkurrenten (etwa der Shaker) durch. Der religionsdemografische Wettbewerb beschert religiös aktiven Menschen auch heute quer durch alle Weltreligionen deutlich höhere Geburtenraten – und also auch genetischen Reproduktionserfolg. Mehr noch: Trotz intensiver Suche ist bislang noch keine einzige, menschliche Population ausfindig gemacht worden, die ohne religiöse Vergemeinschaftungen mehr als ein Jahrhundert auch nur die Bestandserhaltungsgrenze von zwei Kindern pro Frau hätte halten können. Hatte Darwin das Hauptaugenmerk religiöser Kooperation noch bei gemeinschaftlichen Kriegszügen vermutet, so belegen Daten und Fallstudien, etwa an betont pazifistischen Traditionen der erwähnten Amish, Hutterer, Mennoniten und orthodoxen Juden, dass vielmehr die gemeinschaftliche Kinderbetreuung und Kooperationssicherung in Familien den Erfolg religiöser Traditionen begünstigte. In den Worten eines mormonischen Sprichwortes ließe sich gerade aus evolutionärer Sicht festhalten: Nicht die Hand am Schwert, sondern die Hand an der Wiege bewegt die (menschliche) Welt.[96]

Indem Darwin die Bedeutung gemeinschaftlicher Kinderbetreuung und Friedenssicherung in der Evolution des Menschen übersah, unterschätzte er auch die Rolle und Bedeutung von Frauen. Bis heute sind darwinistische und sozialdarwinistische Szenarien anzutreffen, in denen Frauen gewissermaßen nur als passive Ressource oder Beute fungieren, deren »Besitz« dann den »siegreichen Männern« den jeweiligen »Reproduktionserfolg« garantiere. Auch wenn Darwin selbst religiöse Akteure diskutierte, waren diese ausnahmslos männlich. Der religiöse Mensch war ihm – wie so vielen anderen Wissenschaftlern, teilweise bis heute – allein ein religiöser Mann, der »Homo religiosus« stets ein »Vir religiosus«.[97]

Mit der Realität menschlicher Beziehungen hatte und hat dies jedoch nur in Ausnahmefällen zu tun – und gerade auch unter den prägenden Bedingungen von Wildbeuterkulturen weisen Frauen auch heute aktive Möglichkeiten der Auswahl geeigneter Partner und Gemeinschaften sowie der (Mit-)Entscheidung über (weitere) Kinderwünsche auf. Tatsächlich sprechen sowohl archäologische wie auch zeitgenössisch-empirische Befunde sehr stark für eine Vermutung, die bereits David Hume ein Jahrhundert vor Darwin formuliert hatte: Seine These besagt, dass Frauen wesentlichen Anteil an der Entstehung und Evolution von Religionsgemeinschaften hatten und haben und vielleicht sogar als deren eigentliche Urheberinnen zu betrachten sind.[98]

Befunde zu frühen Bestattungen nicht nur bei Homo sapiens, sondern auch bei Homo neanderthalensis haben zudem das evolutionäre Szenario nicht nur bestätigt, sondern auch um eine weitere Menschenlinie erweitert.[99] Demnach sind nach heutigem Kenntnisstand frühe Formen von Religiosität während der letzten zwei Jahrhunderttausende mit zunehmender Komplexität (Grablegungen, später Grabbeigaben, schließlich heilige Stätten und Gebäude etc.) entstanden. Religiosität ist ein archäologisch wie auch theoretisch bedeutender Aspekt in der Evolutionsgeschichte menschlichen Denkens, Fühlens und Sozialverhaltens.[100] Sowohl die biologische Veranlagung wie auch deren so vielseitige kulturelle Traditionen können also aus evolutionär-interdisziplinärer Perspektive hervorragend erforscht werden, ohne dass sie dadurch reduziert, entzaubert oder überflüssig werden. Darwin hatte sich auf der richtigen Spur befunden, der wir über ein Jahrhundert später endlich wieder nachgehen.

3. Charles Darwin und der evolutionäre Theismus

»Religion enthüllt ein Ziel durch den von Wissenschaft gezeigten Verlauf der Evolution – ein Ziel, das manchmal dunkel und verborgen ist, aber dann wieder offenbart wird und ihr entsprechend der wichtigste Artikel unerschütterten Glaubens ist. Religion nimmt in der Natur und der Macht, die sie hinter der Natur schaut, sowohl die gegenwärtige Unterstützung wie auch den finalen Beender wahr; jenes, worauf wir am Ende für alle Dinge abhängig sind – für das Leben, das Denken, für das Glück, jetzt und immerdar, wenn wir ein solches Jenseits haben werden.« *(William Graham, »The Creed of Science / Das Glaubensbekenntnis der Wissenschaft«, 1881)*

Darwins Briefwechsel zu »The Creed of Science«

Schon kurz nach dem Erscheinen von Darwins »Abstammung der Arten« um 1859 setzte eine Flut von Veröffentlichungen zum Verhältnis von Evolution und Religion ein, die bis heute nicht versiegt ist. Umso bemerkenswerter ist, dass eine dieser Schriften noch die späte Aufmerksamkeit und Begeisterung Darwins fand. Der studierte Theologe diskutierte und korrespondierte mit Familienangehörigen und Freunden, wie wir gesehen haben, lebenslang immer wieder über diese Themen, las religionsbezogene Bücher und Zeitschriften und widmete sich Briefen und Buchsendungen zu

Fragen der Evolutionsforschung, die ihn erreichten. Bald wurden es so viele, dass er sich nicht mehr mit allen befassen konnte. Ungelesen blieb zum Beispiel eine Zusendung des Abtes Gregor Mendel (1822–1884) an Darwin aus dem Jahre 1866, in dem dieser in leider allzu kompliziertem Deutsch seine Entdeckung der genetischen Vererbungsregeln übermittelte.[1]

Möglicherweise lag sein erneut verstärktes Interesse an den Gottes- und Sinnfragen am spürbaren Nahen des Lebensendes. Allerdings hatte er nach dem Abschluss seines letzten und durchaus einflussreichen Werkes über Ackererde und Regenwürmer in 1881 auch kein großes empirisches Forschungsprojekt mehr eröffnet und daher vielleicht auch einfach wieder mehr Zeit und Muße für die Rückkehr zu grundsätzlichen Fragen. Den »Creed of Science« hatte er wohl selbst erworben, er bedankte sich weder beim Autor (der vielmehr von dieser Fanpost überrascht und geehrt wurde), noch verwies er auf die Empfehlung eines Kollegen oder einer Kollegin – etwa seiner Frau –, mit der er die Themen debattiert hätte. So eröffnete der betagte Entdecker der Evolutionstheorie den im Folgenden erstmals ins Deutsche übersetzten Briefwechsel, dessen Hervorhebungen und Argumente uns einen Schlüssel zu Darwins Ringen mit religiösen Fragen im letzten Lebensjahr bieten.

Vorab ist aber zu klären, um wen es sich bei dem Adressaten William Graham handelte. Es erwies sich als erstaunlich schwer, mehr über den Mann herauszufinden, der zu seiner Zeit im Vereinigten Königreich eine durchaus geachtete Stimme war, aber bald nach seinem Tod nahezu in Vergessenheit geriet. Die bislang verfügbaren Informationen zu ihm bleiben bruchstückhaft.

1839 im nordirischen Saintfield geboren, erwarb William Graham 1870 seinen Magister in Mathematik am Trinity

Charles Darwin und der evolutionäre Theismus

College Dublin. Er gewann den Wray-Preis, eine Auszeichnung in Logik, Ethik und Metaphysik, und den zweiten Preis des Vizekanzlers für englische Prosa. 1872 erfolgte mit »Idealism: An Essay« seine erste Buchveröffentlichung. 1873–74 arbeitete Graham als Privatsekretär für den liberalen Abgeordneten Mitchell Henry (1826–1910), bevor er als Privatlehrer und Jurist nach London ging. 1881 folgte »The Creed of Science«, auf das Darwin umgehend mit erwähntem Schreiben reagierte, was zu einem Briefwechsel zwischen den beiden führte. In Grahams letztem Brief an Darwin vom 5. Oktober 1881 bat er diesen um Erlaubnis, Auszüge seines begeisterten Schreibens für eine Lehrstuhlbewerbung am University College in Liverpool zu verwenden.[2] Diese Bewerbung war zwar nicht erfolgreich, doch wurde Graham 1882 als Professor für Recht [»jurisprudence«] und politische Wirtschaftslehre [»political economy«] an die Queen's University Belfast berufen. Seine letzten vier Bücher (von »The Social Problem« um 1890 bis zu »Free Trade and the Empire« von 1904) standen je in diesem Kontext. 1892 wurde Graham auch in die Anwälteverbindung des London Inner Temple aufgenommen. 1909 ging er in den Ruhestand und starb am 19. November 1911.[3]

Im »Creed of Science« (fortan kurz: CoS) hatte Graham in schwungvollem Ton die Ergebnisse der empirischen Wissenschaften vorgestellt, diese in Beziehung zu philosophischen Positionen gesetzt und schließlich die Vereinbarkeit von empirischer Evolutionsforschung und Gottesglauben (den sogenannten evolutionären Theismus) betont. Darwin schrieb ihm daraufhin am 3. Juli 1881:

»Geehrter Herr,

ich hoffe, Sie werden es nicht von meiner Seite her aufdringlich finden, dass ich Ihnen von Herzen für das Vergnügen danke, dass ich aus dem Lesen Ihres bewundernswert geschriebenen ›Creed of Science‹ bezogen habe, obwohl ich es noch nicht ganz beendet habe, da ich jetzt alt bin und sehr langsam lese. Es ist sehr lange her, dass mich irgendein Buch so sehr interessiert hat. Das Werk muss Sie einige Jahre und viel harte Arbeit mit genügend Leidenschaft gekostet haben. Sie werden wahrscheinlich nicht erwarten, dass jemand mit Ihnen völlig in so vielen abstrusen Fragen übereinstimmt; und es gibt manche Punkte in Ihrem Buch, die ich nicht akzeptieren kann. Der Hauptpunkt ist jener, wonach die Existenz von sogenannten Naturgesetzen ein Ziel [purpose] impliziert. Ich kann das nicht sehen. Abgesehen davon, dass viele erwarten, dass die verschiedenen Gesetze eines Tages als unvermeidbare Folgen eines einzigen Gesetzes befunden werden. Aber auch wenn wir die Gesetze nehmen, wie wir sie heute kennen, und zum Mond schauen, was das Gravitationsgesetz – und ohne Zweifel das Gesetz der Energieerhaltung –, die Atomtheorie usw. angehen, so kann ich darin nicht notwendig irgendein Ziel erkennen. Würde es Zielgerichtetheit geben, wenn nur die niedrigsten Organismen ohne Bewusstsein auf dem Mond existierten? Aber ich habe keine Praxis in abstraktem Räsonieren und könnte völlig falsch liegen.

Nichtsdestotrotz haben Sie meine innerste Überzeugung ausgedrückt, allerdings viel lebendiger und klarer, als ich es hätte tun können, dass das Universum kein Resultat des Zufalls [not the result of chance] ist. Dann aber steigt in mir immer der furchtbare Zweifel [horrid doubt] auf, ob die Überzeugungen des menschlichen Geistes, der aus

Charles Darwin und der evolutionäre Theismus

dem Geist niedriger Tiere entwickelt worden ist, irgendeinen Wert hätten oder überhaupt vertrauenswürdig wären. Würde jemand den Überzeugungen eines Affengeistes trauen, wenn in solch einem Geist Überzeugungen wären?

Zweitens denke ich, dass ich einige Einwände gegen die enorme Bedeutung, die Sie unseren größten Männern [our greatest men] zuschreiben, anbringen könnte: Ich habe mir angewöhnt, die große Bedeutung von Männern als zweiten, dritten oder vierten Grades zu denken, mindestens in der Welt der Wissenschaft.

Zuletzt könnte ich kampflustig aufzeigen, dass die natürliche Selektion mehr für den Fortschritt der Zivilisation erbracht hat, als Sie zuzugestehen bereit zu sein scheinen. Erinnern Sie sich, welche Risiken die europäischen Nationen auf sich nahmen, um vor nicht allzu vielen Jahrhunderten nicht von den Türken überrannt zu werden, und wie lächerlich eine solche Idee heute ist. Die zivilisierteren, sogenannten kaukasischen Rassen [races] haben die Türken im Kampf ums Dasein verdroschen. Wenn wir die Welt in keiner sehr fernen Zukunft betrachten, was für eine endlose Zahl niederer Rassen wird von den höher zivilisierten Rassen vernichtet worden sein. Aber ich werde nicht noch mehr schreiben und nicht einmal die vielen Punkte in Ihrem Werk erwähnen, die mich so interessiert haben. Tatsächlich habe ich Grund mich zu entschuldigen, Sie mit meinen Eindrücken belästigt zu haben, und meine einzige Entschuldigung ist die Aufregung [excitement] meines Geistes, welche Ihr Buch hervorgerufen hat.

Hochachtungsvoll verbleibend, geehrter Herr, Ihnen verbindlichst [faithfully] und verpflichtet, Charles Darwin«[4]

Graham, der Darwin zu den »großen Männern« der Wissenschaft zählte und in CoS wiederholt zitiert hatte, war über diese Zusendung verständlicherweise mehr als erfreut. Er antwortete umgehend, bot einen Besuch an und ging besonders auf Darwins »furchtbare Zweifel« an seinen eigenen, innersten Überzeugungen ein. Diese Zweifel teilte Graham ausdrücklich nicht:

> »Dies verstehe ich so, als ob der Umstand, dass solche Überzeugungen sich aus dem Geist von Tieren entwickelten, unseren Glauben [faith] an deren Glaubwürdigkeit erschüttern müsste. Ich kann in diesem Argument jedoch absolut keine Kraft erkennen. Ich kann mir alle möglichen Argumente gegen die Intuitionen des menschlichen Geistes vorstellen. Beispielsweise sehe ich, wie unmöglich es ist, die Analogie der fünf Sinne zu beweisen, indem ich einen Konsens über alle objektiven Gegebenheiten zwischen allen herbeiführe, die Intuitionen haben. Aber ich kann überhaupt nicht sehen, wie solche Argumente durch die evolutionäre Theorie menschlicher Fähigkeiten gestärkt würden. Sicher würde doch auch niemand sagen, dass diese Perspektive Schatten des Zweifels auf die menschlichen Fähigkeiten des Nachdenkens würfe, die ebenfalls entwickelt wurden und tatsächlich von den Tieren geteilt werden. Warum sollte es mit jener Fähigkeit, die die Daten erhebt, anders sein?«[5]

Darwin antwortete wiederum umgehend am 5. August 1881; aus seinem Brief spricht noch die höfliche Hoffnung auf ein Treffen wie auch die bange Frage, ob das ihn so bewegende Buch seines Kollegen wohl unverdient in Vergessenheit geraten werde. So dankte er Graham für den »langen und interessanten Brief. Ich bin kein schneller Denker oder guter Sprecher und Sie würden von mir zu den wichtigen Themen, die Sie diskutiert haben, nichts lernen. Zudem leide ich unter einem großen Nachteil (den Auswirkungen langer Jahre schlechter Gesundheit), so dass ich mit niemandem lange reden kann. Es wäre daher in keiner Weise Ihre Zeit wert, über so eine weite Entfernung zu kommen, nur um mich eine Stunde zu sehen. Ich würde es jedoch sehr bedauern, Sie nicht kennen zu lernen, und möchte, da ich sicher bin, im Herbst in London zu sein, Sie dann bitten mit mir zu essen, wenn Ihnen dieses Vorhaben zusagen würde. Ich hoffe, dass Ihr Buch weithin gelesen werde. Aber es ist sehr schwer, gehört zu werden, so groß ist die Flut neuer Ideen und Werke aller Art.«[6]

Mit diesem letzten Schreiben Darwins endete der Austausch. Auf Grahams Anfrage vom 5. Oktober 1881 erhielt dieser, soweit wir wissen, keine Antwort mehr. Die Befürchtung des großen Gelehrten, dass sein Buch in der Flut von Erscheinungen untergehe und nicht die verdiente breitere Beachtung finden würde, bewahrheitete sich zunächst – es erhielt zwar noch eine zweite Auflage, geriet aber darüber hinaus mitsamt seinem Autor in fast völlige Vergessenheit. Aus dieser wollen wir es jetzt entreißen und erkunden, was Darwin an CoS so bewegte und an welchen Stellen er nachhakte.

3.1 William Grahams evolutionärer Theismus in »The Creed of Science«

Die Begeisterung Darwins für CoS erschließt sich schon nach wenigen Seiten: Graham schrieb schwungvoll, selbstbewusst und mit hintergründigem Humor, vor allem aber fächerübergreifend informiert. Dabei baute er das Buch nach einem simplen Prinzip auf: Von der Physik bis zur Ethik aufsteigend stellte er Kapitel für Kapitel die extremen Positionen entschiedener Materialisten einerseits und klassischer Philosophen sowie gewachsener Traditionen andererseits einander gegenüber und versuchte sich dann in einer Synthese. Neben englischen Autoren wie David Hume, John Stuart Mill, Charles Darwin, Thomas Henry Huxley und Herbert Spencer führte Graham dabei vor allem deutschsprachige Quellen an, so Immanuel Kant und Johann Wolfgang von Goethe, Hermann von Helmholtz, Ernst Haeckel, Arthur Schopenhauer und Eduard Oscar Schmidt. Er scherzte gar über die Kulturunterschiede des englischen Empirismus und der deutsch-französischen Metaphysiker, indem er anmerkte, dass sich »kontinentale Kritiker« über den »englischen Geist [English mind]« beschwerten, »der, wie sie glauben, eine besondere Neigung zur Natur und einige spezielle Sympathie für den positivistischen Gedanken [positive spirit] hat, die ihn davon abhalten, über sichtbare und sinnlich nachweisbare Fakten hinauszugehen und in luftige Spekulationen aufzusteigen.«[7]

Dem heutigen Leser bietet sich bei der Lektüre ein durchaus zwiespältiges Erlebnis: Einerseits wirken die Bilder und Argumente auch heute noch erstaunlich frisch. Mit wiederholter Verblüffung ist festzustellen, dass Graham Argumenten und Begriffsschöpfungen weit vorausgriff, die sich erst Jahrzehnte nach seinem Tod (und mutmaßlich unabhängig von ihm) etablieren sollten: etwa Konzepte der Emergenz [»emergence«][8], des religiösen Wahns [»delusion«][9], der gebotenen gesellschaftlichen Chancengleichheit [»fair and equal terms«][10] und des evolutionäre Kooperationen untergrabenden Egoismus [»selfishness«][11]. Andererseits verdeutlicht CoS damit auch, dass sich die philosophisch-theologischen Debatten rund um die Evolutionstheorie seit mehr als einem Jahrhundert vielleicht verbreitert, aber wenig vertieft haben. Auch heute noch vermag die in CoS vorausblickende Übersicht über empirische Forschungsergebnisse und deren philosophisch-theologische Folgen zu fesseln und zu überraschen. Obwohl vom Ansatz her ein philosophisch-theologisches Buch ohne eigene, empirische Erhebungen, muss CoS auf den betagten Darwin elektrisierend gewirkt haben.

Emergenz

Selbstbewusst ging Graham von einer evolutionären Naturgeschichte aus, in der sich von der physikalischen Bildung des Sonnensystems über chemische Verbindungen auf dem Planeten Erde schließlich die empirisch erforschbaren Reiche der Biologie, der menschlichen Kultur, Psychologie, Soziologie und schließlich Ethik aufspannten. Mit sanftem Spott wies er dabei Reduktionismen aller Art zurück, gebe es doch »eine starke Tendenz in Menschen und Philosophen aller Zeiten, zu versuchen, alle Phänomene, wie verschieden sie auch sein mögen, mit der speziellen Klasse von Phänomenen zu erklären, mit denen sie selbst gewohnheitsmäßig verkehren.«[12] Keine einzelne wissenschaftliche Disziplin könne jedoch die letzte Autorität nur für sich beanspruchen: »So stellen wir fest, dass die bedeutendsten Physiker zur Frage der Herkunft und Zukunft unserer Erde und unseres Solarsystems überwiegend übereinstimmen, so sehr sie sich auch in philosophischen Fragen wie der Unsterblichkeit der Seele oder der Existenz Gottes unterscheiden. [...] Entsprechend habe ich die Darwinsche Doktrin der Abstammung der Arten und insbesondere der tierischen Herkunft des Menschen als orthodoxen Glauben [orthodox belief] behandelt. [...] Insbesondere wenn sich die

Frage mit dem Menschen und seinem Verhalten unter den komplexen Motivkräften, bewusst oder unbewusst, befasst, die es bestimmen [...], werden wir uns jedoch nicht länger auf den Physiker oder Naturforscher berufen. [...] Zu allen Fragen, die den Menschen, seine Tugenden und Laster und Uniformität, wie sie ist und sich im gesellschaftlichen Leben präsentiert, betreffen, verweist uns die Wissenschaft an eine andere Klasse von Spezialisten – den Psychologen, den Ethiker, den Soziologen.«[13]

So rühmte Graham Darwin und dessen Evolutionstheorie in höchsten Tönen, die auch für alle weiteren Wissenschaftsbereiche von Bedeutung sei – und wies zugleich biologische Reduktionismen zurück: »Der Mensch ist tatsächlich eine Maschine, und darüber hinaus eine lebendige und sich bewegende. Er ist jedoch auch etwas mehr, und dieses zusätzliche Etwas – ein bloßer Zufall, laut den wahrhaft automatistischen Philosophen – begründet faktisch die besondere Eigenheit [differential feature] des Menschen und seine wahre menschliche Natur. Diese befindet sich, richtig eingeschätzt, außerhalb der Reichweite der biologischen und noch mehr der nur physikalischen Wissenschaft. Die menschliche Natur zu lesen und zu ermessen und das Bewusstsein, das diese reflektiert, gehörten zur Psychologie – zur Psychologie, unterstützt von den Wissenschaften, die ihr dienend und untergeordnet [ministrant and subsidiary] sind. Und zur Psychologie, auf die uns [Alexander] Bain und [John Stuart] Mill für eine echte Theorie über menschliche Natur verweisen, wenden wir uns für die Meinung der Wissenschaft zur Frage der Willensfreiheit.«[14]

Entsprechend wandte sich Graham dagegen, dass die empirisch gut belegte »wissenschaftliche Hypothese« der Evolution »von Biologen wie Haeckel in eine universelle philosophische Theorie« umgedeutet werde: »Wenn die wissenschaftliche Hypothese Darwins in ein philosophisches System, Darwinismus genannt, gewendet wird, oder zum leitenden Prinzip im verbündeten, aber kompletteren System von Herbert Spencer, genannt evolutionäre Philosophie; wenn sie nicht mehr nur als wahrscheinliche, wissenschaftliche Hypothese betrachtet, sondern als volle philosophische Interpretation des Universums und des gesamten Verlaufes der organischen Evolution wird, um gar nicht von der mentalen, moralischen und sozialen Evolution des Menschen zu sprechen, dann ist das eine völlig andere Sache, und wir haben ein Recht, gegen die allumfassenden Anmaßungen [allembracing pretensions] der Hypothese zu protestieren, selbst wenn wir keine Spezialisten oder fortgeschrittene Studenten der Biologie seien.«[15] Dass Darwin die Unterscheidung physikalischer und späterer, biologischer Prozesse akzeptieren würde, war zu erwarten. Interessanterweise aber wandte er sich in seinem Brief an Graham auch nicht gegen den Sprachgebrauch, der seine wissenschaftliche Arbeit als Evolutionstheorie identifizierte, noch gegen den grundsätzlichen Einwand gegen die ungebrochene Universalisierung des evolutionären Ansatzes. Sein Einspruch begann erst bei der Frage der Reichweite der natürlichen Selektion, die er zwar auch selbst nicht als universal verstanden wissen wollte (vgl. Kap. 1.3), für die er aber doch »kampflustig aufzeigen« wollte, »dass die natürliche Selektion mehr für den Fortschritt der Zivilisation erbracht hat, als Sie zuzugestehen bereit zu sein scheinen«. Als Argument diente ihm dabei der militärische Triumph der »zivilisierteren, sogenannten kaukasischen Rassen [races]«, die »die Türken im Kampf ums Dasein verdroschen« hätten.[16]

Graham hatte dagegen gerade solche Geschichtsverläufe nicht aus vermeintlichen rassischen Über- oder Unterlegenheiten erklärt, sondern aus den jeweiligen historischen und sozialkulturellen Umständen, die »großen Männern« die Entfaltung mehr oder weniger erfolgreich ermöglichten.

»Die Menschheit ist keine homogene Masse. Die sie bildenden Individuen unterscheiden sich in intellektuellen, moralischen und sozialen Qualitäten, in religiösen und ästhetischen Empfindungen, sogar mehr als sie sich in physischen Formen und Eigenschaften unterscheiden. [...] In Wirklichkeit sind große Männer [great men] nur die höchsten Gipfel jener Menschlichkeit, die wir alle teilen.[17] [...] Große Männer sind das Mittel gewesen, durch das sich die Menschheit viel direkter und eigentlicher entwickelte als durch natürliche Selektion, unterstützt durch Vererbung und Anpassung, wie Darwin einräumte. Durch die überlegenen und einzigartigen Geister wurde die Anpassung des Restes an ihre Umwelt vollbracht. Die Evolution menschlicher Gesellschaften und Zivilisationen, die Evolution der Künste, Institutionen, Religionen, Philosophien, Literaturen, Gesetze wurde durch Serien höherer Geister erreicht.«[18]

Darwin betonte dagegen »einige Einwände« und schrieb, er habe sich »angewöhnt, die große Bedeutung von Männern als zweiten, dritten oder vierten Grades zu denken, mindestens in der Welt der Wissenschaft«.[19] Hier spricht einerseits die Lebenserfahrung und Bescheidenheit eines Mannes, der lebenslang im Austausch mit anderen tätigen Bürgerwissenschaftlern stand, aber andererseits eben auch die Überzeugung, dass über viele Einzelmenschen hinweg veranlagte Begabungsunterschiede über Wohl und Wehe der mehr oder weniger »fortgeschrittenen« Völker mitentschieden. Die naheliegende Zwischenformel – dass die historischen und soziokulturellen Umstände die Entfaltungschancen

Charles Darwin und der evolutionäre Theismus

gerade auch der Vielen beeinflussten – wurde von den beiden Diskutanten mangels Zeit nicht mehr erreicht. Von »großen Frauen« war bei keinem von beiden überhaupt die Rede.

Die Evolution von Religiosität und Religion(en) bei William Graham

Ausführlich und mehrfach widmete sich CoS der Evolution von Religiosität und Religionen, ohne für diese Ausführungen Widerspruch von Darwin zu erfahren. Tatsächlich orientierte sich Graham eng an Darwins evolutionärem Religionskonzept und betonte sowohl die rohen Anfänge wie auch die späteren Kooperationen begünstigenden Funktionen von Religiosität:

> »Sehr früh auch, aber nicht bevor sie alle Beziehungen zu ihrer nichtmenschlichen Verwandtschaft aufgegeben hatten, müssen unsere verlassenen und hilflosen Vorfahren bestimmte dämmernde religiöse Gefühle erfahren haben, gezeugt aus Furcht und Ehrfurcht und Ignoranz und blindem, dummem Staunen, das die Natur und ihre hervorragenden Kräfte, manchmal furchtbar und zerstörerisch, manchmal wieder scheinbar freigiebig und wohlmeinend zugeneigt [beneficent and kindly disposed], natürlich in ihnen hervorrufen musste. Der primitive Mensch fand sich hilflos in ein Universum vielfacher Gefahren geworfen, wo alles unsicher war und das Gefühl absoluter Abhängigkeit von der Natur und ihren unberechenbaren Mächten, außer wenn er einen Weg finden konnte, sie gnädig zu stimmen, tief in ihn eingegraben wurde. Aber indem er sich die Mächte der Natur mutmaßlich als Wesenheiten wie er selbst erklärte, wie er es natürlich

tun würde, wurden sie glücklicherweise als auf menschliche Weise bewegbar begriffen und als eher freundlich gesinnt interpretiert. So kam Religion in die Welt, geboren aus Furcht, wie Epikur zu Recht erklärte; und so folgte religiöse Praxis bald in der Form von Zeremonie, Opfer und Verehrung zur Beeinflussung der mächtigen Dämonen und Gottheiten. Aber Moralität war, wie bereits gesagt, vor der Religion da. Menschen hatten moralische Impulse mindestens so früh wie religiöse Gefühle, und moralische Praktiken lange bevor Religion in ein System des Gottesdienstes mit vorgeschriebenen Ritualen und Zeremonien organisiert worden war. So war Religion in keiner Weise die Quelle, sondern nur ein später hinzugetretener Verbündeter der Moralität.«[20]

Auch hierbei wandte Graham den »großen Männern«, die die menschlichen Fähigkeiten erst ausgefüllt hätten, besondere Aufmerksamkeit zu und stellte das Wirken der Religionsstifter einer undifferenzierten Universalisierung des natürlichen Selektionsprozesses gegenüber:

»Es gab Menschen, die nicht Frieden noch Freude inmitten des großen inkarnierten Leides [great incarnate sorrow] um sie herum finden konnten; die für ihre Mitmenschen bereit zu sterben waren, um dadurch nur deren Schicksal zu verbessern; die wie Buddha auf alles verzichteten, was Menschen als Glück benennen; die wie Mohammed [Mahomet] das Leben einsetzten und es wie Christus freiwillig gaben, um den Rest ihrer Genossen zu retten. Mehr noch, diese mächtigen Geister [mighty spirits] versuchten nicht nur zu entdecken, sondern fanden tatsächlich Mittel der Erlösung – einen Weg der Rechtschaffenheit für Menschen. Sie entdeckten und lehrten

Charles Darwin und der evolutionäre Theismus

wahrhaftig Menschen den wahren Weg des Lebens und wie sie die Übel des Lebens und Schicksals ertragen oder überwinden könnten. Jeder von ihnen fand ein Mittel, zeigte einen Weg auf, der den Bedürfnissen ihrer zeitgenössischen Menschen am besten entsprach. Und diese Mittel und dieser Weg waren in großem Umfang anwendbar auf die gesamte Menschheit. Sie haben Wahrheiten gefunden, ewige und große Wahrheiten – Entsagung, Rückzug, Pflichten, Liebe zum Nächsten. Nur dass diese Wahrheiten, groß und wichtig und ewig wie sie sind, weitere Ergänzungen und Qualifikationen benötigen, um sie der Natur und den Umständen des modernen Menschen geeignet zu machen, verändert in einigen Aspekten aber doch dieselben, mit denselben spirituellen und sozialen Bedürfnissen. So wurde die Entwicklung der menschlichen Art, der menschlichen Zivilisationen nicht durch natürliche Selektion erreicht, wie die darwinsche Lehre nahelegt. Die Entwicklung des menschlichen Geistes kam durch innere Enthüllung zu bestimmten ausgezeichneten Individuen – eine Enthüllung von Wahrheit, von Einsicht, von inventiver Kraft, von Pflicht, von Schönheit, die die Seele unaufgefordert besuchte, wobei niemand, nicht einmal die Besitzenden, mehr darüber sagen können, als dass sie aus dem Unbekannten, dem Ziel des Universums, ist, das sich hierdurch zu erklären und zu entwickeln wünscht – von Gott und nicht vom Zufall. Natürliche Selektion hat klarerweise nichts zu tun mit der Entstehung, mit der Einlegung der ersten Keime von Moral, Kunst, Erfindung, Wissenschaft oder Religion.«[21]

Aber dienten diese kulturellen Ausprägungen denn nicht nur dem biologischen Erfolg ihrer Hervorbringer, wie so viele Vertreter der Evolutionstheorie betonten? In einer originel-

len Wendung wies Graham darauf hin, dass doch gerade auch
»unsere Evolutionisten wie Darwin, Spencer und Huxley der
Wahrheit ohne Rücksicht auf Konsequenzen« folgten und
also mehr als eine egoistisch kalkulierende Ethik verträten.
»Was sollen wir über sie sagen? Was, außer dass zwischen
ihrem ethischen Bekenntnis und ihrer eigenen Praxis ein
ungelöster Widerspruch besteht und dass ihre Taten die
beste Widerlegung ihrer Worte geben?«[22] Ein selbstlos nach
Wahrheit strebender Evolutionsverlauf werde also sogar und
gerade auch durch Mut und Tat jener belegt, die eine solche
Zielgerichtetheit abstritten!

Ebenso widerlegten sich, so Graham, auch die materialistischen Reduktionisten selbst, würden sie doch große Mühen
darauf geben, ihre »Ideen« durch Wort und Schrift zu ver-
breiten. Und wer könnte bestreiten, dass beispielsweise die
dramatischen Schauspiele des »Faust« und »Hamlet« oder
auch wissenschaftliche Entdeckungen »einen großen Aufruhr
in den Gehirnatomen [cerebral atoms] von vielen verursacht
haben, die zum ersten Mal mit ihnen in Nervenkommunika-
tion [nerve-communication] gestellt wurden?«[23] Auch die
Geistesgeschichte habe das Schicksal und Verhalten von
Menschenmassen verändert, ohne dass biologische Umwälzungen stattgefunden hätten. Die »Natur des Menschen«
könne »zeitweise verwandelt werden, durch einen großen
Glauben und Enthusiasmus, obgleich sie wieder aus diesem
begnadeten Zustand fallen wird. Sie ist veränderbar in
bestimmten Epochen, wenn die richtigen Geister [right
spirits] erscheinen, um sie zu verändern. Und unter dieser
Veränderung, wenn weit verbreitet, wie zu Zeiten des Christentums und Mohammedismus [Mahometanism], sind Menschen zu den außerordentlichsten Dingen fähig, die zu anderen Zeiten unmöglich wären, besessen [being possessed] von
einem Vielfachen ihrer normalen Stärke und Herzenskraft.

Charles Darwin und der evolutionäre Theismus

[...] So wurde die Natur des Arabers von den Lehren Mohammeds so verändert, dass er zum Herrscher von Bagdad bis Cordoba wurde. Die Natur des französischen Volkes wurde von den Vorgängern und Akteuren in ihrer Großen Revolution so verändert, dass sie das vereinigte Europa eine Generation lang bekämpften und eine agrarische und politische, wenn nicht sogar soziale Revolution auslösten, ohne Beispiel in der Geschichte europäischer Nationen.«[24]

Gedanken und Bewusstsein waren für Graham also nicht nur Folgen grundlegender biologischer Prozesse, sondern wiederum auch Wirklichkeiten, die nachweisbar auf die anderen Emergenzebenen Einfluss nehmen konnten. So konnte er sogar mit etwas mehr Pathos als Darwin die »Goldene Regel« nicht nur als Grundstein der Moralität, sondern als verheißungsvolles Menschheitsziel bekennen: »Aber obwohl der erste Grund [first cause] für Liebe und Sympathie ein Mysterium ist, gibt es doch keinen Zweifel über die immense Bedeutung dieses neuen Gefühls für die Zukunft unserer Spezies, noch über die folgenden historischen Fakten, wonach es viel seiner Entwicklung den Lehren der großen Religionsgründer verdankt – dem Buddha und über allem dem Christus. Liebe zum Menschen lehrte der Erstere, aber es wurde mit neuer und intensiverer Emphase fünfhundert Jahre später durch Jesus eingeschärft. Es war das ›neue Gebot‹ für Menschen, und durch seine Lehren und großes Beispiel erfuhr das Gefühl eine Erweiterung und eine Vertiefung im Bewusstsein der Menschheit wie nie zuvor.« Über das Christentum hinaus habe, so Graham, diese »Lehre der Liebe und der guten Tat« dann auch in die »Moralphilosophien des 18. Jahrhunderts« und sogar in den Ruf der »französischen Revolutionäre« nach »Brüderlichkeit«, in die »Menschenliebe der Comtisten«, das »größte Glück für die größte Zahl der Benthamisten«, und »in alle sozialistischen Programme« Eingang gefunden.[25]

Relativierende Rückführungen der Liebe und anderer sozialer und ethisch-moralischer Gefühle auf ihre urzeitlichen Funktionen könnten, so Graham, diese Weiterentwicklung nicht entwerten. Auch in einem Kind würden diese Gefühle »kaum mehr als rudimentär« ausgeprägt sein, und doch würde dies niemand als ausreichend oder gar zielführend für ausgewachsene Menschen sehen.[26]

Wenn Religiosität aber evolutionär so erfolgreich war, warum waren dann schon im 19. Jahrhundert massive Entkirchlichungsprozesse vor allem unter den Stadtbewohnern und Gebildeten beobachtbar? Wie schon Adam Smith vor ihm nahm Graham an, dass auch Religiosität vor allem dann nachgefragt wurde, wenn sie lebensweltlich gebraucht wurde. Und wie andere »Organe« auch – etwa Muskeln –, falle deren durchschnittliche Ausprägung also entsprechend der Beanspruchung durchschnittlich stärker oder schwächer aus:

»Kann man also sagen, dass der religiöse Sinn [religious sense] einst universaler und intensiver existiert hat, weil er mehr benötigt wurde, aber dass er nun in verbreiteten Nichtgebrauch gefallen ist und in den meisten Fällen zu einem nahezu kraftlosen Organ geworden ist? Dass der Sinn einst existierte, weil in den frühen, ungemütlichen Tagen des Christentums, als die Heiligen und Märtyrer unter Verfolgungen in die Wüsten und Höhlen getrieben wurden, dies zu ihrer Überzeugung von der Eitelkeit des Lebens beitrug, die gefühlte Anwesenheit des unterstützenden Gottes eine zwingende Not war? Dass aber in modernen Tagen, wo die Not weniger bedrückend ist, der religiöse Sinn oder das Fühlen schwächer sind, in den

Charles Darwin und der evolutionäre Theismus

meisten kaum mehr als eine Art rudimentäres, spirituelles Organ ausmachend, das nur noch von den früheren spirituellen Bedürfnissen und Umgebungen zeugt?«[27]

Grahams Argumente für den evolutionären Theismus

Obgleich Graham letztlich für die Existenz Gottes argumentierte, kritisierte er daher auch Darwin für dessen ab der zweiten Ausgabe ergänzte Schöpfer-Passage am Ende der »Entstehung der Arten«, nach der Gott »den Keim alles Lebens« eingehaucht habe.

»Aber was, wenn chemische Verbindungen, unterstützt und ergänzt durch natürliche Selektion, über unendliche Zeiten für viele Versuche und Fehlschläge verfügend und arbeitend unter förderlichen atmosphärischen oder ozeanischen Bedingungen, auf der erkaltenden Oberfläche unseres Globus, oder noch besser, in den dunklen Tiefen des Ozeans – was, wenn, zwischen diesen, sie letztlich per Zufall einen schwachen, groben Versuch des Lebens angetroffen hätten, irgendeine rudimentäre, strukturlose Form [...]. Was wäre, in einem Wort, wenn chemische Affinitäten und natürliche Selektion, also Materie und deren notwendige Gesetze, also weder Chaos noch auf der anderen Seite ein personaler, welt-schaffender Schöpfer Vater aller Dinge wäre? Und im Hinblick auf die rivalisierende Hypothese, diesen vermuteten übernatürlichen Schöpfungsprozess, überlegen Sie doch einen Moment, ob es nicht nur ein bloßes Wort sei, ausdrücklich erfunden, um unsere Ignoranz zu verbergen – ein leerer Name, mit dem sich Menschen statt einer echten Erklärung abfinden.«[28]

Graham lehnte also einen Lückenbüßer-Gott in Intelligent-Design-Manier ab, der sich in den nicht funktionierenden Winkeln eines fehlerhaften Universums verstecken würde. Entsprechend warnte er sogar ausdrücklich vor Versuchen, empirische (und also wiederum falsifizierbare) Gottesbeweise aufzubieten und religiöse Mythologien als empirisch-wissenschaftliche Aussagen auszugeben:

»Es ist viel besser, das Schicksal der Religion nicht mit irgendeinem Dogma, einer Behauptung oder Beanspruchung historischer Fakten zusammenzuspannen, deren Wahrheit später Menschen aufgrund des Fortschritts der Wissenschaft und des Denkens diskreditiert finden könnten. Es ist besser, Religion nicht den schweren Gefahren auszusetzen, die in der Akzeptanz bestimmter Chronologien, Kosmologien, Wundergeschichten liegen und die möglicherweise besser belegten Schilderungen und strikteren Beweisführungen Platz machen müssen. Und es ist besser, die Qualität unseres Glaubens, seiner Wahrheit und Reinheit, nicht an der Akzeptanz oder Nichtakzeptanz bestimmter metaphysischer Festlegungen göttlicher Attribute zu testen. Geschaffen in unphilosophischen und vorwissenschaftlichen Zeiten und in versteinerten Formen in alten Glaubenskonfessionen weiter bestehend, können sie immer noch unsere Zustimmung erheischen, werden aber durch die höchsten menschlichen Gedanken als vollkommen ungenügend in ihren Aussagen über das Absolute Sein aufgezeigt.«[29]

Wenn Gott aber weder als eingreifender Lückenfüller noch über empirische Beobachtungen herzuleiten sei, welche Argumente – über die empirische Beobachtung eines Fortschrittes im Evolutionsverlauf hinaus – konnte Graham dann noch für die Existenz Gottes anbringen? Er nahm nicht nur ein Argument vorweg, dass in der zweiten Hälfte des 20. Jahrhunderts als »anthropisches Prinzip« entdeckt und diskutiert werden sollte, sondern stapelte dieses zudem noch emergentistisch: Graham argumentierte, dass die Naturgesetze auf wunderbare Weise so beschaffen seien, dass sie bewusstes und schließlich auch religiöses Leben hervorbrächten. Während die Kosmologen später erbittert debattierten, wie groß und metaphysisch bedeutsam die Passung der Konstanten im Bereich der Physik seien,[30] fügte Graham noch hinzu, dass sich diese Unwahrscheinlichkeit auf jeder Emergenzebene evolutionären Entstehens neu manifestiere:

»Dies ist die wahre Frage, die uns die neuesten Aspekte der materialistischen Philosophie im Bündnis mit der Evolutionslehre [doctrine of evolution] aufzwingt; und wir stehen ihr nun gegenüber: War es Zufall, der zum ersten Mal einen kribbeligen Nerv, empfindsam für Sonnenstrahlen, hinterlegte, so dass danach, befördert durch natürliche Selektion, sich das Wunder des menschlichen Auges entfalten konnte? War es Zufall, der den optischen Nerv mit so bemerkenswerten Eigenschaften ausstattete und die innere und völlig verschiedene Sehkraft erweckte – den Leser hinter den lichtbrechenden Linsen und dem optischen Nerv, der beides nutzt? Und schließlich, war es Zufall, der all die anderen Sinne weckte, zusammen mit Bewusstsein und all seinen verschiedenen Komponenten – Emotionen, Sinnen und Gedanken? Lasst jene, die können, dies glauben – ich muss für meinen Teil anderes glauben.«[31]

Nicht also nur die Feinabstimmung der physikalischen Faktoren, sondern auch jene immer neuen Hervorbringungen der Chemie, Biologie, Kultur und Psychologie machen nach Graham die Existenz eines Schöpfers mehr als wahrscheinlich. Zugleich erklärten sie auch unsere mangelnde Möglichkeit, diese hinter und über den Phänomenen stehende Wirklichkeit angemessen zu umschreiben, die große, religiöse Persönlichkeiten erfahren und nach der die größten Denker längst getastet hätten:

»Dies ist die Konzeption, die das Ultimative Prinzip des Universums als ein tieferes, weiteres, größeres Etwas als die uns bekannte Materie oder das uns bekannte Bewusstsein erfasst; das Etwas, aus dem Materie und Gedanken nur spezielle Formen, Erscheinungen, Ausprägungen sind. Es sind die einzigen, die wir tatsächlich kennen können. Und dies nur mit ihren eigenen Mitteln, die aber dennoch weit davon entfernt sind, die transzendente Natur der Einen Ewigen Substanz und Macht am Grunde jener Dinge ausschöpfen zu können, die wir kennen, wie auch der unzählbaren anderen möglichen Selbstpräsentationen, von denen wir nichts wissen können.
Diese große Konzeption, spinozistisch in ihrem Ursprung, hat sich bereits über zwei Jahrhunderte im menschlichen Denken ausgebreitet; hat sich immer tiefer in das philosophische, poetische, künstlerische, theologische und zuletzt sogar wissenschaftliche Bewusstsein hineingearbeitet. Es war die Konzeption Gottes in der die Seele Goethes, Naturforscher und mächtiger Poet, schließlich ruhte. Es war die Konzeption Schleiermachers, des Vaters rationaler Theologie. Sogar Kant, Denker und Mann der Wissenschaft – obwohl aus praktischen Gründen ein anderes Resultat erreichend – konnte von der spe-

kulativen Seite her keine andere Konzeption als diese eines Absoluten Seins finden, die letzte, unabhängige Substanz, ›die Summe aller Realität‹; während in der Gegenwart Herbert Spencer, der Philosoph der Evolution, diese Idee als eine der mit der Physik und Biologie sowie dem gesamten Prozess und der Lehre der Evolution vereinbare Idee übernimmt.«[32]

Gerade auch der wissenschaftlich Informierte stehe, so Graham, am Ende vor der Wahl, das kosmische Prinzip aus bloßem Zufall – dem niedrigsten Prinzip – oder als Ergebnis göttlichen Willens zu erfassen. Dass unsere Wahrnehmungsfähigkeiten beschränkt seien und wir kaum anders könnten, als Gott in der höchsten uns zugänglichen Emergenzebene des Personal-Geistigen zu beschreiben, spreche gerade nicht dagegen. Der Gottheit »einen dem Menschen entsprechenden bewussten Geist und Ziel zuzusprechen ist vielleicht, ja ›ist‹ eine ungenügende Erklärung [imperfect explanation]. Aber es ist, wie wir uns überzeugt haben, um vieles der geringere Fehler der beiden. Es ist philosophischer, den höchsten als den niedrigsten Grund als das erste Prinzip aller Dinge anzunehmen, auch wenn wir wissen, dass der höchste ungenügend ist.«[33]

Im heutigen Sprachgebrauch würden wir hier von einem Entwurf des Panentheismus sprechen: Die Gottheit offenbart sich auch über die Natur und deren nicht-reduzierbare Evolutions- und Emergenzprozesse, weist aber immer auch über diese hinaus. Sie steht daher auch über und außerhalb der Zeit und muss nicht als eingreifend gedacht oder gar empirisch belegt werden, sondern offenbart sich im alltäglichen Wunder des bereits Gewachsenen und immer weiter Möglichen. Formulierungen der Prozesstheologie im naturwissenschaftlich-theologischen Dialog des 21. Jahrhunderts vorwegnehmend[34] schreibt Graham:

»Wir sind nun Mit-Arbeitende der Natur, und das weitere
Werk der Entwicklung wird durch unsere bewussten
Anstrengungen, ihre Ziele zu fördern, vorangetragen. Es
ist in und an uns, dass die höheren Stufen, spirituell,
künstlerisch, moralisch, sozial, die sie anstrebt, erreicht
werden.«[35]

3.2 Darwins »innere Überzeugungen« und »furchtbare Zweifel«

Seine emotionale Begeisterung hatte Darwin in seinem Brief
formuliert: Graham habe »meine innerste Überzeugung ausgedrückt, allerdings viel lebendiger und klarer, als ich es hätte
tun können, dass das Universum kein Resultat des Zufalls
ist.« Doch direkt darauf folgt die Einschränkung: »Dann
aber steigt in mir immer der furchtbare Zweifel auf, ob die
Überzeugungen des menschlichen Geistes, der sich aus dem
Geist niedriger Tiere entwickelt hat, irgendeinen Wert hätten oder überhaupt vertrauenswürdig wären.«[36]
  Da doch sowohl die (auch religiösen) Gefühle wie auch
die Denkfähigkeiten des Menschen evolviert seien, bezwei-
felte Darwin – wie schon gegenüber Asa Gray genau einund-
zwanzig Jahre zuvor – ihre Aussagekraft. Möglich, dass eine
waltende, personale oder überpersonale Macht hinter allem
wirkt. Ebenso möglich aber, dass Menschen eine solche
Macht nur konstruierten, da dies ihren psychologischen,
sozialen und damit letztlich auch biologischen Interessen
entsprach. Auch die Versicherungen Darwins, dass er in diesen Fragen selbst sehr unsicher sei, ist nicht einfach als
gespielte Bescheidenheit eines berühmten Gelehrten zu
betrachten, sondern als gewachsene Überzeugung eines stu-
dierten Theologen und Empirikers, der sich doch gerade

aus den Schein-Beweisen der Naturtheologie herausgearbeitet hatte. Sicher hielt er einen evolutionären Theismus für denkmöglich, vielleicht gar im hohen Alter sogar wieder für emotional attraktiv – aber wie sollte er ausschließen, dass es sich auch bei den panentheistisch-prozesstheologischen Beweisführungen nicht doch nur wieder um vorläufige Entwürfe handelte?

Darwins beiden Haupteinwände zielten so auch inhaltlich auf Grahams emergentistisch gestapeltes, anthropisches Prinzip einerseits und die Rolle von Zufall und Zeit andererseits. Würde das Argument der mehrfachen Unwahrscheinlichkeit der universalen Existenz und jedes einzelnen Emergenzschrittes nicht enorm geschwächt, wenn Wissenschaftler hinter der Vielfalt der bislang entdeckten Naturgesetze eine gemeinsame Grundlage – heute sprechen wir von der »Weltformel« – fänden?

Und könne Graham denn ausschließen, dass Zielgerichtetheit erst in der Zeit entstanden wäre, gewissermaßen als notwendiges Beiprodukt komplexerer Lebensformen? Wie wir gesehen haben, hielt Graham Darwins Zweifeln entgegen, dass ein radikaler Skeptizismus doch auch vor der Entdeckung der Evolutionstheorie philosophisch denkbar gewesen und vielfach durchgespielt worden sei. Dass sich nun die empirischen Befunde zu einer großen Entwicklungsgeschichte der geistigen Fähigkeiten verknüpfen ließen, spreche doch nicht gegen deren Glaubwürdigkeit, sondern eher für sie. Und wieso sollte evolutionär genau den empirisch-erfassenden und denkend-verknüpfenden Fähigkeiten die Glaubwürdigkeit abgesprochen werden, die doch gerade zu den »Daten« und zur Evolutionstheorie geführt hätten?

Hinter diesen beiden konträren Auffassungen verbergen sich nicht nur unterschiedlich pessimistische oder optimistische Intuitionen der beiden Gelehrten, sondern auch unterschiedliche Konzepte der Zeit. Für Graham erwies sich die Zeit als Geschöpf, Zeuge und Ermöglicher des universalen Offenbarungsprozesses; Phänomene – wie die menschlichen Fähigkeiten – gewannen an Unwahrscheinlichkeit und damit zeugnishafter Glaubwürdigkeit, wenn sie sich über lange Zeiträume hinweg bewährt hatten und bis auf heutige »Höhen« evolviert waren.

Darwin dagegen hatte ja bereits in der Überwindung der Naturtheologie die gegenteilige Erfahrung gemacht: Zeit war darin gewissermaßen die Verbündete des Zufalls, da sie die Entstehung von Phänomenen auch ohne planende Akteure erklärte. Die Entstehung der Sterne und Planeten, des Lebens und Bewusstseins mochte je noch so unwahrscheinlich sein – in entsprechend langen Zeiträumen konnte sich jede Unwahrscheinlichkeit schließlich ereignen und durchsetzen.

Für den Kenntnisstand der damaligen Zeit war damit die argumentative Höhe erreicht, auf der die beiden Plausibilitäten für oder gegen Gottes Existenz abwägen konnten. Aber ist seitdem nicht viel dazugekommen?

Die Graham-Darwin-Debatte aus heutiger Sicht

Als der gelernte Fachlehrer, Patentbeamte und Bürgerwissenschaftler Albert Einstein (1879–1955), dessen Bewerbungen um wissenschaftliche Mitarbeiterstellen erfolglos geblieben waren, im Jahr 1905 seine wissenschaftlichen Durchbrüche erzielte, war Darwin schon längst tot und sein Denk- und Korrespondenzpartner William Graham ging dem Ruhestand entgegen. Auch der evolutionäre Theist erlebte jedoch nicht mehr, dass am 6. November 1919 britische Astronomen unter der Leitung von Arthur Eddington (1882–1944) durch Sternbeobachtungen während einer Sonnenfinsternis Einsteins Relativitätstheorie spektakulär bestätigt fanden. Damit hatten ausgerechnet Briten die etablierte Vorstellungswelt ihres so verehrten Newton – der wie Darwin in der Westminster Abbey bestattet wurde – zugunsten der Theorie eines Deutschen umgestürzt! Doch in den deutschen Jubel mischte sich bereits die Unterstellung reaktionärer und antisemitischer Kreise, die hier keinen Erfolg der Wissenschaft, sondern ein weiteres »jüdisches« Komplott gegen ihre Weltanschauung und Ansprüche erkennen wollten.[37]

Tatsächlich waren – und sind – die weltanschaulichen Folgen der Relativitätstheorien so weit von unserem physikalischen Alltagsverständnis, Verstehens- und Begriffsapparat entfernt, dass auch Einstein selbst mit ihnen rang. So hielt er an der damals unter Physikern gängigen Auffassung eines ewigen Universums fest und fügte seinen Berechnungen sogar eine »kosmologische Konstante« hinzu, um es zu stabilisieren – die »größte Eselei meines Lebens«, wie er später bekannte.[38]

Einstein hielt auch zunächst wenig von der Entdeckung seines einstigen Mathematiklehrers Hermann Minkowski (1864–1909), der bereits 1908 im Hinblick auf die Spezielle Relativitätstheorie erkannt hatte, fortan »sollen Raum für sich und Zeit für sich völlig zu Schatten herabsinken, und nur noch eine Art Union der beiden soll Selbstständigkeit bewahren.« Eine späte Erkenntnis, die sich jedoch durchsetzte: Aus der Speziellen Relativitätstheorie folgte, dass Raum und Zeit nicht mehr als völlig getrennte Entitäten zu verstehen waren, sondern als verbundene Raumzeit in einem mindestens vierdimensionalen Universum. So führt eine enorme Beschleunigung nahe an die Lichtgeschwindigkeit und zu einer beobachtbaren Verlangsamung des betreffenden »Zeitflusses«, wie im populären Beispiel der Zwillingsbrüder, von denen einer zum fast lichtschnellen Raumfahrer wird und also »ungleichzeitig-langsamer« als sein auf der Erde verbliebener Bruder altert. Theologisch bedeutete dies auch, dass ein Schöpfer des Raumes auch als Schöpfer der Zeit plausibler wurde, also selbst über und außerhalb des Zeitflusses stehen musste. In den Worten von Rüdiger Vaas: »Wenn es Gott gäbe und er außerhalb der Zeit existierte, wie schon der Kirchenvater Augustinus glaubte, könnte er gewissermaßen die Welt in ihrer Totalität von Anfang bis Ende auf einmal überblicken.«[39]

Wir mögen geneigt sein, hier ein nachträgliches 1:0 für Grahams Annahmen gegenüber Darwins Zweifeln zu sehen: Auch die Zeit würde hier eben nicht als unendlich, sondern als Teil der »Schöpfung« erkennbar, in die hinein sich auch die höhere Wahrheit enthülle. Und so war es denn auch ein belgisch-katholischer Priester, der Jesuit und Astrophysiker Georges Lemaître (1894–1966), der dem Konzept des ewigen Universums ein »uranfängliches Atom« und »einen Tag ohne ein Gestern« entgegensetzte. Die Bezeichnung »Big Bang – Urknall« war ursprünglich ein Spottwort, mit dem sich etablierte Physiker über die vermeintlich theologischen Spielereien lustig machten, die bald jedoch durch immer mehr empirische Daten untermauert wurden. So verkündete denn auch Papst Pius XII. 1952 feierlich, die »heutige Wissenschaft«, habe »Zeugnis vom ersten Moment des ursprünglichen Fiat Lux« (lat. Es werde Licht) gefunden und so die »Kontingenz des Universums« aus »der Hand des Schöpfers« bestätigt. Doch ausgerechnet der Urknall-Entdecker Lemaître selbst, inzwischen Mitglied und bald Präsident der Päpstlichen Akademie der Wissenschaften, wollte in diesen Jubel nicht einstimmen und warnte Papst und Kirche vor diesem Argument. Denn er erkannte – wie bereits

Charles Darwin und der evolutionäre Theismus

Graham formuliert hatte – dass die Urknalltheorie als empirische Hypothese grundsätzlich falsifizierbar und damit als Gottesbeweis unbrauchbar war. Schon oft hatte sich die katholische Kirche zu eng an bestimmte Weltmodelle gebunden, hatte sie entsprechend institutionell verteidigt und war durch deren Überbietung beschämt und beschädigt worden. Mehr noch: Die Urknalltheorie konnte durchaus auch atheistisch, etwa gegen die Notwendigkeit eines Schöpfers, gedeutet werden. Statt eines 2:0 erkannte Lemaître zu Recht auf Abseits. Weder Papst Pius XII. noch einer seiner Nachfolger führten den Urknall je wieder als Gottesbeweis an.[40]

Aus heutiger Sicht ist festzuhalten: Wenn sich das Universum und die ihm zugehörige Zeit als »entstanden« erweisen sollte und wenn die Suche nach einer – auch von Darwin für möglich gehaltenen – Weltformel weiter denn je von einem Erfolg entfernt scheint, so wird die Frage nach Gottes Existenz damit nicht beantwortet, sondern in weitere Dimensionen verschoben. Kosmologen wie Stephen Hawking arbeiten längst mit multidimensionalen Modellen, nach denen es »vor« oder »neben« unserem Universum auch andere, gegebenenfalls sogar unendlich viele andere Universen mit möglicherweise je eigenen Naturgesetzen und Zeitpfeilen geben könnte. Unsere Welt und das anthropische Prinzip – auch wenn wie bei Graham emergentistisch gestapelt – wären dann auch ganz a-theistisch als eine von unendlich vielen Ausprägungen eines überzeitlichen Prozesses zu verstehen.[41] Unsere Zeit könnte also Anfang und Ende genau deswegen haben, weil es unendlich viele verschiedene »Zeiten« gibt. Und die Weltformel könnte sich dem Zugriff des Menschen entziehen, weil sie – wie bereits in diversen Quanten- und Stringtheorien erkundet – mehrdimensional und damit für das menschliche Denken und Forschen schwer oder womöglich auch überhaupt nie zugänglich wäre.

So sehr also die empirischen Forschungen des 20. Jahrhunderts einige Argumente Grahams zunächst untermauert zu haben scheinen, so bestärkten sie umgekehrt auch die massiven erkenntnistheoretischen Zweifel Darwins zu einem 1:1-Ausgleich. Hinter jeder erfolgreichen Antwort öffneten sich neue, noch komplexere Fragen. Auch Physiker, die lange an bevorstehende Durchbrüche zu einem geschlossenen Erklärungsmodell geglaubt hatten, stimmen heute zunehmend der fast resignativen Aussage des britischen Genetikers John B. S. Haldane zu: »Die Welt ist seltsamer, als wir wissen. Ja, sie ist seltsamer, als wir wissen können.«[42]

So rief der US-amerikanische Physiker Leonard Susskind zuletzt dazu auf, den Begriff der »Realität« ganz aufzugeben. »Der Begriff hat mehr mit Biologie und Evolution zu tun als mit Physik, er betrifft eher unsere biologische Hardware. Wir sind Gefangene unserer neuronalen Architektur. Manche Dinge können wir uns anschaulich vorstellen, andere nicht. […] In unserer ganzen Diskussion wollen wir ohne diesen Begriff auskommen. Er stört. Er beschwört Dinge herauf, die uns kaum helfen. Das Wort ›reproduzierbar‹ ist nützlicher als ›real‹.«[43]

Auch in der Philosophie ist der erkenntnistheoretische Zweifel als Folge der naturwissenschaftlichen Erkenntnisse immer weiter vorgedrungen. So formulierte der US-amerikanische Philosophieprofessor Colin McGinn Anfang 2012:

»Stellen Sie sich eine Welt ohne Bewusstsein vor! Lediglich aufeinanderprallende Quanten in der besinnungslosen Wildnis des Unbelebten. Nun geben Sie bitte etwas Bewusstsein hinzu! Wow! Welch eine Veränderung! Aber wie haben Sie das bloß gemacht? Wie konnten Sie

Bewusstsein in eine Welt geben, in der es keines gab? Haben Sie die Partikel der Materie verändert? Ich glaube, Sie haben gerade die Welt verändert. Aber Sie werden nie verstehen, wie die unbewusste und die bewusste Welt zusammengefunden haben konnten. Sie haben ein Wunder vollbracht! Aber es gibt keine Wunder. Welche Chance hat Ihre Intelligenz, die für das Herstellen von Faustkeilen geeignet ist, die Geheimnisse des Universums zu lüften? Kann Allwissenheit aus einem Hirn kommen, das für die Handhabung zweier entgegengesetzter Daumen gemacht ist? Niemals. Warum also versuchen wir noch, Mysterien zu lösen – mit diesem nach Daumenlage gebildeten Hirn wie dem unseren?«[44]

Graham antwortete auf Fragen wie diese, dass gerade dieses »Warum« Teil der Antwort war: Auch der entschiedenste Gegner eines universalen Sinnes forscht und lehrt dennoch auch unter Mühen und gegen Widerstände weiter. Auch der erklärte Vertreter eines physikalisch-reduzierten Weltbildes versucht dennoch, anderen seine Ideen ins Bewusstsein zu bringen. Und auch erkenntnistheoretische Skeptiker wie Darwin, Haldane oder Susskind stellten ihre Versuche, doch noch mehr zu erfahren, gerade nicht ein, sondern waren von verwegenen Hoffnungen getrieben, die sie sich vielleicht oft nicht einmal selbst eingestanden. Wenn wir Menschen merken, dass wir das Spiel bislang nicht entscheiden können – so rufen wir eben nach Verlängerung. Glaube, Liebe und Hoffnung sind längst Teil unserer Natur geworden.

Religion und Wissenschaft im 21. Jahrhundert

Mit erkenntnistheoretischer Resignation kann und will dieses Buch nicht schließen. Denn uns bleibt ein Bereich, den Darwin und Graham bereits eröffnet hatten, an dem jedoch nach Jahrzehnten der Ignoranz erst in den letzten Jahren wieder gearbeitet wurde: die Evolutionsforschung zum menschlichen Denken insgesamt und zur menschlichen Religiosität im Besonderen. Kapitel 2 hatte ihren Aufstieg, zwischenzeitlichen Verfall und ihre dynamische Wiederkehr beschrieben und zu Darwins eigenen Begriffen und Hypothesen in Beziehung gesetzt.

Der Psychologe und Philosoph Robert McCauley, Direktor des Center for Mind, Brain and Culture an der Emory Universität in Atlanta, USA, übersetzte so zuletzt die Ergebnisse der evolutionären Kognitionsforschung für die Erkenntnistheorie, das gesellschaftliche wie philosophische Denken. Er wies darauf hin, dass unsere kognitiven Apparate auf Alltagsgegebenheiten hin evolviert seien: Umso mehr aber gerade auch die wissenschaftlichen Erkenntnisse diesen entwüchsen, umso aufwändiger müsse Wissenschaft gelehrt und betrieben werden und umso »unnatürlicher« erscheine sie dem nicht-trainierten Laien. Dies gelte im Übrigen auch für akademische Theologien, die sich immer weiter von »volksreligiösen« Intuitionen entfernten. McCauley warnte am Beispiel der USA davor, dass Wissenschaft diesen Kulturkampf durchaus verlieren könnte, sei sie doch, gerade auch mit immer weiter wachsender Komplexität, abhängig von der Unterstützung und den Geldzuwendungen der Menschen, deren Intuitionen sie hinterfrage und deren Weltbilder sie damit zunächst bedrohe. Auch akademische Theologen und liberal-aufgeklärte Mitglaubende gerieten so unter Verdacht derjenigen, die sich zunehmend abschotteten. Lobbygruppen und Populisten falle es daher zunehmend leicht, Stimmungen gegen vermeintliche Verschwörungen von Evolutions-, Umwelt- und Klimaforschern zu schüren, die wiederum mit rationaler und also anti-intuitiver Aufklärung zu reagieren versuchten. Populäre Formen von Religion – als Glaube an überempirische Akteure wie eingreifende Gottheiten, Geister, Engel, Dämonen etc. – sei aber in menschlichen Gesellschaften nie überwunden worden, wogegen wissenschaftliche Erkenntnisse etwa der griechisch-römischen Antike durchaus wieder verlorengingen.[1]

Der selbst nichtreligiöse britisch-amerikanische Politikwissenschaftler Eric Kaufmann kam, meine religionsdemografischen Beobachtungen aufgreifend, zu ganz ähnlichen Schlussfolgerungen: Gerade auch in den wirtschaftlich und wissenschaftlich entwickelten Gesellschaften brechen die Geburtenraten ein. Nur sehr verbindliche bis fundamentalistische Religionsgemeinschaften vermochten sich bislang gegen diesen Trend abzugrenzen und dauerhaft mehr als zwei Kinder pro Frau aufzuweisen. Zugespitzt ließe sich also formulieren: Religiösen Fundamentalisten mangelt es an wissenschaftlichen Argumenten, aber wissenschaftlich gebildeten Nichtreligiösen mangelt es an Nachwuchs. Beobachtungen in den USA, aber auch in Israel und Europa veranlassen Kaufmann zu der Frage, ob »die Religiösen die Welt erben« würden.[2]

Für das weitgehend entkirchlichte – und demografisch seit Jahrzehnten trotz massiver Zuwanderung schwindende –

Mitteleuropa wies entsprechend auch der Mediziner und Neuropsychologe Thomas Grüter auf die hartnäckige Widerständigkeit »magischen Denkens« in wachsenden Bereichen der Alternativmedizin, Esoterik und auch Wissenschaften hin.[3] Es gelingt uns Menschen bislang weder demografisch noch lebensweltlich, in einem durchrationalisierten, von allen höheren Mächten und Zielen entblößten Weltbild zu bestehen.

Aber so verlockend apokalyptisch-kulturkämpferische Szenarien sind (gerade auch aufgrund unseres evolvierten Gehirns bevorzugen wir tendenziell dramatische Bedrohungserzählungen gegenüber sorgsamem Abwägen!), so fraglich sind sie. In der Geschichte haben menschliche Gesellschaften immer wieder auch kollektive Lernbereitschaft gezeigt, wenn es darauf ankam. So löste beispielsweise der Start des sowjetischen Sputnik-Satelliten 1957 in den USA und den westlichen Demokratien insgesamt den sogenannten »Sputnik-Schock« aus. In der Folge bildete sich unter John F. Kennedy (1917–1963) und seinen Nachfolgern ein breites politisches und weltanschaulich-religiöses Bündnis für Wissenschaft aus. Ehrgeizige Programme wie die Apollo-Mondmissionen wurden ins Leben gerufen, Wissenschaften im Schulunterricht breiter und tiefer verankert, Bibliotheken gebaut und besser ausgestattet, die Vereinbarkeit von Wissenschaft und Religion von unzähligen Kanzeln betont, Bildungsfernsehen eingeführt und mit dem Arpanet sogar ein Vorläufer des heutigen Internet ins Leben gerufen.[4]

Graham hätte diesen zeitweiligen kollektiven Aufbruch sicher als Bestätigung seines kosmischen Optimismus gedeutet, nach dem wir Menschen zwar unsere Natur nicht hinter uns lassen, aber in immer neuen, auch gemeinschaftlichen Möglichkeiten ausprägen können.

Ja, Wissenschaft – in ihren empirischen Ausprägungen wie auch in Philosophien und Theologien – ist mühsam und vermag uns, wie Darwin zu Recht bemerkte, lehrte und lebte, nicht von allen Zweifeln und drängenden Fragen zu befreien. Aber sie verbietet uns auch das Vertrauen, Hoffen und Glauben nicht, wie so unterschiedliche Menschen wie Alfred Russel Wallace, Asa Gray, Antoinette Brown Blackwell und eben auch William Graham schon zu Lebzeiten Darwins und im Austausch mit ihm aufzeigten. Wir alle mögen dazu tendieren, unsere jeweilige wissenschaftliche oder religiöse Praxis bewusst und unbewusst weltanschaulich absolut zu setzen, gegen Fragen und Zweifel abzusichern und damit weit hinter dem Niveau zu bleiben, das sich bereits vor mehr als einem Jahrhundert entfaltete. Aber wir können – wie es schon der Geistliche Bertrand Chartres († 1124) im 12. Jahrhundert formulierte – auch immer wieder auf die Schultern der Riesen vor unserer Zeit steigen, um von dort weiter in die Ferne zu sehen. Ob wir Atheisten, Agnostiker oder auch evolutionäre Theisten sind, die vertrauende Hoffnung, dass es Neues, Wichtiges, Wegweisendes zu entdecken gibt, darf uns verbinden und anspornen. Und vielleicht müssen wir auch gar nicht auf weitere »Sputnik-Schocks«, etwa in Form von Umweltkatastrophen, warten, um verbissene Kulturkriege hinter uns zu lassen und miteinander, aneinander zu lernen. Immer mehr, zunehmend auch über das Internet: Erfolgreiche Projekte der Bürgerwissenschaften [»Citizen Sciences«] knüpfen nicht zufällig an jene Zeiten an, an denen Wissenschaft nicht als eine Angelegenheit quasi-priesterlicher Eliten angesehen wurde, sondern als Möglichkeit aller Bürgerinnen und Bürger in einer dynamischen Wissensgesellschaft.

So hatte dieses Buch mit Zitaten von Kommentatoren auf meinem Wissenschaftsblog begonnen, die ihr jeweiliges Darwin-Bild als Teil ihrer jeweiligen Weltanschauung erbittert verteidigt hatten. Mit einigen Sätzen des konstruktiv kommentierenden und auch selbst bloggenden Bauaufsichtsbeamten Stefan Kraus[5] möchte ich es schließen:

»Wenn ich anerkenne, dass die Evolution den Menschen auch zu einem sinnsuchenden Wesen gemacht hat, dann sollten sich Wissenschaft, Philosophie, Religion und Spiritualität offen begegnen. Denn was taugt schon mein Glaube, wenn er sich vor Erkenntnissen und Gedanken aus anderer Richtung als der eigenen verstecken oder diese verdrehen muss, um zu bestehen? Und diese Begegnung kann man nach meiner Erfahrung durchaus gelassen angehen.«[6]

Anmerkungen mit Literaturangaben

Zu 1:

Darwin, C. 1872: *Die Entstehung der Arten durch natürliche Zuchtwahl.* 6. Auflage. Hamburg 2004, S. 678

2 Alle Kommentare zum Blogpost »Evangelische Andacht für einen Neandertaler« auf Natur des Glaubens, 13.12.2011, Kurz-URL: http://is.gd/SpiYRJ

3 Vgl.: Kutschera, U. (2009): *Darwins historischer Imperativ. Über die historischen Trennung von Glauben und Wissen.* In: Gehirn & Geist 4/2009, S. 36

4 Darwin, F. 1892: *The Autobiography of Charles Darwin.* Amherst 2000, S. 20

5 Vgl.: Ebd., S. 113–114

6 Vgl.: Ebd., S. 18–19

7 Darwin an John Lubbock, 22.11.1859. In: Darwin Correspondence Database, http://www.darwinproject.ac.uk/entry2532, Abruf am 2.1.2012

8 Vgl.: Darwin, F. 1892/2000, S. 19

9 Darwin, C. 1871: *Die Abstammung des Menschen und die geschlechtliche Zuchtwahl.* Paderborn 2005, S. 77

10 Vgl.: Willmann, R.: *Darwin, Huxley und die Frauen.* Leverkusen 2009, S. 94–95

11 Darwin eröffnete die erste Ausgabe der *Origin of Species*, London 1859, mit: »But with regard to the material world, we can at least go so far as this – we can perceive that events are brought about not by insulated interpositions of Divine power, exerted in each particular case, but by the establishment of general laws.« – W. WHEWELL: *Bridgewater Treatise.* Und: »To conclude, therefore, let no man out of a weak conceit of sobriety, or an ill-applied moderation, think or maintain, that a man can search too far or be too well studied in the book of God's word, or in the book of God's works; divinity or philosophy; but rather let men endeavour an endless progress or proficience in both.« – BACON: *Advancement of Learning.* In die frühen deutschen Übersetzungen wurden diese beiden Vorzitate Darwins jedoch nicht übernommen.

12 Vgl.: Yeo, R.: *Defining Science. William Whewell, Natural Knowledge and Public Debate in Early Victorian Britain.* Cambridge 2003

13 Vgl.: Hand, E. (2010): *Citizen Science: People Power.* In: Nature 466, S. 685–687

14 Vgl.: Roloff, E.: *Göttliche Geistesblitze. Pfarrer und Priester als Erfinder und Entdecker.* Weinheim 2010

15 Barlow, N.: *The Autobiography of Charles Darwin 1809–1882.* New York 1958, S. 69–70

16 Vgl.: Barlow, N.: *Darwin and Henslow. The Growth of an Idea.* London 1967, S. 220–226

17 Vgl.: Desmond, A., Moore, J.: *Darwin.* Berlin 1991, S. 218

18 Darwin, F. 1892/2000, S. 29

19 Vgl.: Vaas, R., Blume, M.: *Gott, Gene und Gehirn. Warum Glaube nützt. Die Evolution der Religiosität.* 3. Auflage. Stuttgart 2012, S. 65–68

20 Charles Darwin an Joseph Dalton Hooker, 11.1.1844. In: Darwin Correspondence Database, http://www.darwinproject.ac.uk/entry-729, Abruf am 11.1.2012

21 Charles Darwin an Joseph Dalton Hooker, 29.6.1858. In: Darwin Correspondence Database, http://www.darwinproject.ac.uk/entry-2298, Abruf am 11.1.2012

22 Vgl.: Darwin, F. 1892/2000, S. 199–201

23 Vgl.: Charles Kingsley an Charles Darwin, 18.11.1859. In: Darwin Correspondence Database, http://www.darwinproject.ac.uk/entry-2534, Abruf am 2.1.2012. Eine ausführliche Diskussion des evolutionären Theismus folgt in Kapitel 2.

24 Vgl.: Adam Sedgwick an Charles Darwin, 24.11.1859. In: Darwin Correspondence Database, http://www.darwinproject.ac.uk/entry-2548, Abruf am 2.1.2012

25 Darwin, F. 1892/2000, S. 348

26 Vgl.: Ebd., S. 349–350

27 Vgl.: Keynes, R.: *Annies Schatulle. Charles Darwin, seine Tochter und die menschliche Evolution.* Berlin 2002, S. 350

28 Ebd., S. 346

29 Vgl.: Darwin, F. 1892/2000, S. 62

30 Vgl.: Darwin an Asa Gray, 2.9.1857. In: Darwin Correspondence Database, http://www.darwinproject.ac.uk/entry-2136, Abruf am 2.1.2012

31 Darwin an Asa Gray, 22.5.1860. In: Darwin Correspondence Database, http://www.darwinproject.ac.uk/entry-2814, Abruf am 2.1.2012

32 Vgl.: Birg, H.: *Die Weltbevölkerung. Dynamik und Gefahren,* München 2004, S. 35–36

33 Vgl.: Darwin, C. 1871/2005, S. 139–140

34 Ebd., S. 700

35 Darwin an J. D. Hooker, 13.7.1856. In: Darwin Correspondence Database, http://www.darwinproject.ac.uk/entry-1924, Abruf am 2.1.2012

36 Darwin, F. 1892/2000, S. 64

37 Vgl.: Bekoff, M.: *The Emotional Lives of Animals.* Novato 2007

38 Vgl.: Keynes, R. 2002, S. 267

39 Vgl.: Ebd., S. 11

40 Vgl.: Ebd., S. 262

41 Vgl.: Ebd., S. 245

42 Vgl.: Ebd., S. 140

43 Barlow, N. 1958, S. 87

44 Vgl.: Ebd., S. 87

45 Vgl.: Darwin, F. 1892/2000, S. 62

46 Emma Darwin an Charles Darwin, Februar 1839. In: Darwin Correspondence Database, http://www.darwinproject.ac.uk/entry-471, Abruf am 2.1.2012

47 Darwin an H. N. Ridley, 28.11.1878. In: Darwin Correspondence Database, http://www.darwinproject.ac.uk/entry-11766, Abruf am 2.1.2012

48 Darwin, C. 1871/2005, S. 693

49 Darwin, F. 1892/2000, S. 62

50 Keynes, R. 2002, S. 142–143

51 Darwin, F. 1892/2000, S. 60

52 Keynes, R. 2002, S. 305–306

53 Evans, Samantha (2009): *Darwin and the Clergyman.* In: SeedMagazine.com, 02/2009, http://seedmagazine.com/content/article/3595/, Zugriff 8.1.2012, sowie Brodie-Innes, J. (1886): *Recollections of Charles Darwin.* In: Darwin-Online.org.uk, http://is.gd/1yhU18, Abruf am 8.1.2012

54 Darwin, F. 1892/2000, S. 69

55 Darwin, C. 1872/2004, S. 666–667

56 Darwin, C. 1871/2005, S. 103

57 Darwin, C. 1871/2005, S. 160

58 Keynes, R. 2002, S. 70

59 Barlow, N. 2008, S. 276

60 Darwin an John Fordyce, 7. Mai 1879. In: Darwin Correspondence Database, http://www.darwinproject.ac.uk/entry-12041, Abruf am 6.1.2012

61 Graffin, G., Olson, S.: *Anarchie und Evolution. Glaube und Wissenschaft in einer Welt ohne Gott.* München 2011

62 Ebd., S. 57–94 (Kapitel), S. 78 (Zitat)

63 Darwin, C. 1872/2004, S. 665–666

64 Ebd., S. 649–650
65 Graw, J.: *Genetik.* Heidelberg 2010, S. 509
66 Darwin, C. 1871/2005, S. 700
67 Ebd., S. 151
68 Ebd., S. 100
69 Vgl.: Stone, L., Lurquin, P. F.: *Genes, Culture, and Human Evolution. A Synthesis.* Hoboken (NJ) 2007
70 Darwin, C. 1871/2005, S. 141–142
71 Ebd., S. 158
72 Vgl. Oehler, J. (Hrsg.): *Der Mensch – Evolution, Natur und Kultur. Beiträge zu unserem heutigen Menschenbild.* Heidelberg 2010
73 Darwin, C. 1871/2005, S. 161
74 Ebd., S. 160
75 Darwin an Asa Gray, 3. Juli 1860. In: Darwin Correspondence Database, http://www.darwinproject.ac.uk/entry2855, Abruf am 6.1.2012
76 Keynes, R. 2002, S. 290–291
77 Ebd., S. 291
78 Darwin, C. 1871/2005, S. 139–140
79 Ebd., S. 109
80 Ebd., S. 124
81 Barlow, N. 1958, S. 86
82 Darwin, C.. 1871/2005, S. 105–106
83 Darwin, F. 1892/2000, S. 18
84 Dawkins, R.: *Das egoistische Gen.* Heidelberg 1976, S. 237
85 Vgl.: Iwersen, J.: *Gnosis.* Michaelbeuern 2001
86 Vgl. im deutschen Sprachraum zum Beispiel auf www.brightsblog.wordpress.com
87 Powell, M. (2011): *A Knack for Bashing Orthodoxy. Interview mit Richard Dawkins.* In: New York Times vom 20.9.2011, Seite D1, Abruf am 25.2.2012 auf: http://www.nytimes.com/2011/09/20/science/20dawkins.html
88 Darwin, C. 1892/2005, S. 119
89 Vgl.: Nowak, M., Highfield, R.: *SuperCooperators. Altruism, Evolution and Why We Need Each Other to Succeed.* New York 2011
90 Meisinger, H.: *Liebesgebot und Altruismusforschung.* Göttingen 1996
91 Vgl.: Wilson, D. S.: *Darwin's Cathedral. Evolution, Religion, and the Nature of Society.* Chicago 2002
92 Vgl.: Wilson, D. S.: *The Neighborhood Project. Using Evolution to Improve My City, One Block at a Time.* London 2011
93 Darwin, F. 1892/2000, S. 68

94 Darwin an William Graham, 3. Juli 1881. In: Darwin Correspondence Database, http://www.darwinproject.ac.uk/entry-13230, Abruf am 22.2.2012

95 Ebd.

96 Vgl. Beilby, J. (Hrsg.): *Naturalism defeated? Essays on Platinga's Evolutionary Argument*. Ithaca 2002

Zu 2:

1   Darwin, C. 1871/2005, S. 103. Allerdings habe ich Darwins Originalausdruck »spiritual agencies« statt mit dem vorgeschlagenen »geistige Kräfte« präziser mit »spirituelle Wesenheiten« übersetzt.

2   Darwin, C. 1872/2004, S. 676

3   Keynes, R. 2002, S. 275

4   Charles Darwin an J. D. Hooker, 29.3.1963. In: Darwin Correspondence Database, http://www.darwinproject.ac.uk/entry-4065, Abruf am 12.1.2012

5   Vgl.: Wallace, A. R. (1864): *The Origin of Human Races and the Antiquity of Man Deduced from the Theory of »Natural Selection«*. In: Journal of the Anthropological Society of London, Vol. 2/286, Online: http://www.jstor.org/stable/3025211, Abruf am 12.1.2012

6   Charles Darwin an Alfred Russel Wallace, 28.5.1864. In: Darwin Correspondence Database, http://www.darwinproject.ac.uk/entry-4510, Abruf am 12.1.2012

7   Cain, J. (2009): *Introduction*. In: Darwin, C. (1872/2009): *The Expression of the Emotions in Man and Animals*. London 2009, S. xi–xxii

8   Vgl.: Kippenberg, H.: *Die Entdeckung der Religionsgeschichte*. München 2001

9   Darwin, C. 1871/2005, S. 87

10 Michaels, A.: *Klassiker der Religionswissenschaft: Von Friedrich Schleiermacher bis Mircea Eliade*. München 2004

11 Vgl. Darwin, C. 1871/2005, S. 103–106

12 Vgl.: Achtner, W. (2009): *Gustav Jäger – Der Glaube ist eine Waffe im Kampf ums Dasein*. In: Spektrum der Wissenschaft April 2009, S. 68–73

13 Darwin, C. 1871/2005, S. 103

14 Ebd.

15 Ebd.

16 Ebd.

17 Vgl.: Ebd., S. 104

18 Ebd.

19 Ebd., S. 104/105
20 Ebd., S. 105
21 Ebd.
22 Ebd.
23 Ebd.
24 Ebd., S. 105/106
25 Ebd., S. 106
26 Barlow, N. 1958, S. 86
27 Vgl.: Darwin, C. 1871/2005, S. 124
28 Ebd., S. 161
29 Ebd., S. 134
30 Ebd.
31 Ebd., S. 131
32 Vgl.: Ebd., S. 134
33 Ebd., S. 137
34 Ebd., S. 128
35 Ebd., S. 146
36 Darwin, C. 1872/2009, S. 201
37 Vgl.: Ebd., S. 202
38 Ebd., S. 208
39 Ebd., S. 209
40 Ebd., S. 209/210
41 Darwin, F. 1892/2000, S. 65
42 Vgl.: Amir, A.: *The Jesuit and the Skull: Teilhard de Chardin, Evolution, and the Search for Peking Man.* New York 2008
43 Vgl.: Delgado, M., Krüger, O., Vergauwen, G. (Hrsg.): *Das Prinzip Evolution. Darwin und die Folgen für Religionstheorie und Philosophie.* Stuttgart 2010
44 Darwin, C. 1871/2005, S. 155
45 Ebd., S. 675
46 Ebd., S. 153
47 Gasman, D.: *Haeckel's Monism and the Birth of Fascist Ideology.* New York 1998
48 Heinen, S.: *Zwischen Evolutionstheorie und Menschheitsreligion. Der Schweizer Monist, Bahai und Eugeniker Auguste Forel.* In: Delgado, M., Krüger, O., Vergauwen, G. 2010, S. 81–98
49 Vgl.: Taschwer, K., Föger, B.: *Konrad Lorenz. Biographie.* Wien 2003
50 Vgl.: Junginger, H.: *Jakob Wilhelm Hauer.* In: Haar, I. und Fahlbusch, M. (Hrsg.): *Handbuch der völkischen Wissenschaften*, München 2008, S. 230–231

51 Vgl.: Cazden, E.: *Antoinette Brown Blackwell. A Biography*. New York 1983
52 Vgl.: Hrdy, S. B.: *Mütter und Andere: Wie die Evolution uns zu sozialen Wesen gemacht hat*. Berlin 2010
53 Vgl.: Wallace, A. R. (1893): *Woman and Natural Selection*. In: Daily Chronicle 4.12.1893 (Abruf am 14.12.2011) und Rockell, F. 1912: *The Last of the Great Victorians. Special Interview with Dr. Alfred Russel Wallace*. In: The Millgate Monthly, August 1912 (Abruf am 14.12.2011)
54 Delgado, M.: *Eine herzliche Vermischung der Rassen. José Vasconcelos Vision einer ›kosmischen Rasse‹ als Antwort auf die Vorherrschaft Angloamerikas und die Evolutionstheorie Darwins*. In: Delgado, M., Krüger, O., Vergauwen, G. 2010, S. 149–162
55 Maturana, H., Varela, F.: *Der Baum der Erkenntnis. Die biologischen Wurzeln menschlichen Erkennens*. München 1987
56 Arendt, H.: *Vita activa oder vom tätigen Leben*. München 2002
57 Wittgenstein, L. (1921): Tractatus logico-philosophicus. Online komplett verfügbar unter www.tractatus-online.appspot.com, Abruf am 16.10.2011
58 Vgl.: Hennecke, H. J.: *Friedrich August von Hayek. Die Tradition der Freiheit*. Stuttgart 2000, S. 25–170
59 Vgl.: Hayek, F. A. (1937): *Economics and Knowledge*. Economica IV 1937, S. 33–45
60 Hayek, F. A. 1944: *The Road to Serfdom*. Chicago 2007, S. 71
61 Vgl.: Sprich, C.: *Hayeks Kritik an der Rationalitätsannahme und seine alternative Konzeption. Die Sensory Order im Lichte anderer Erkenntnistheorien*. Marburg 2008
62 Vgl.: Hayek, F. A.: *Religion and the Guardians of Tradition*. In: Hayek, F. A.: *The Fatal Conceit. The Errors of Socialism*. Chicago 1988, S. 135–140
63 Vgl.: Könneker, C.: »*Katastrophal für bürgerliche Hirne*«. *Relativitätstheorie und völkische Propaganda in der Weimarer Republik*. In: Hagner, M. (Hrsg.): *Einstein on the Beach. Der Physiker als Phänomen*. Frankfurt a. M. 2005, S. 79–95
64 Heberer, G.: *Nachwort*. In: Darwin 1859/2004, S. 685–667
65 Vgl.: Hoßfeld, U.: *Gerhard Heberer (1901–1973). Sein Beitrag zur Biologie im 20. Jahrhundert*. Berlin 1997
66 Vgl.: Voss, J.: *Darwins Jim Knopf*. Frankfurt a. M. 2009
67 Zitiert nach: Huxley, J. (1949/1969): *Heredity: East and West. Lysenko & World Science*. Germantown (NY) 1969, S. 37–39
68 Vgl.: Siemens, J. (2006): *Was ist Lyssenkoismus?* http://tu-dresden.de/die_tu_dresden/fakultaeten/fakultaet_mathematik_und_naturwissenschaf-

ten/fachrichtung_biologie/biotechnologen/Wirt-Parasit-Interaktion/
document.2006–12–01.9545975166, Abruf am 27.12.2011

69 Burda, H., Begall, S. (Hrsg.): *Evolution. Ein Lese-Lehrbuch.* Heidelberg 2009, S. 32

70 Dobzhansky, Th. (1973): *Nothing in Biology Makes Sense Except in the Light of Evolution.* In: The American Biology Teacher 35, 1973, S. 125–129, Abruf am 27.12.2011

71 Vgl.: Blume, M.: *God in the Brain? How much can »Neurotheology« explain?* In: Becker, P., Diewald, U. (Hrsg.): *Zukunftsperspektiven im theologisch-naturwissenschaftlichen Dialog.* Göttingen 2009, S. 306–314

72 Wilson, E. O. 1975: *Sociobiology – The New Synthesis. 25th Anniversary Edition,* Hoboken (NJ) 2005

73 Wilson, E. O.: *Sociobiology at Century's End. Preface to the new edition.* In: Wilson, E.O. 1975/2005, S. v–viii

74 Wilson, E. O.: *On Human Nature.* Harvard 1978

75 Reynolds, V., Tanner, R. E. S.: *The Biology of Religion.* New York 1983

76 Vgl.: Blume, M.: *Neurotheologie. Hirnforscher erkunden den Glauben.* Marburg 2009

77 Vgl.: Koenneker, C. (2012): *10 Jahre Gehirn & Geist. Wie alles begann.* In: Gehirn & Geist 1/2012, S. 14–19

78 Hase, Th.: *Zivilreligion. Religionswissenschaftliche Überlegungen zu einem theoretischen Konzept am Beispiel der USA.* Würzburg 2001

79 Bellah, R.: *Religion in Human Evolution. From the Paleolithik to the Axial Age.* Harvard 2011

80 Menninghaus, W.: *Wozu Kunst? Ästhetik nach Darwin.* Berlin 2011

81 Seiwert, H., Marroquin, C. (1996): *Das College de Sociologie: Skizze einer Religionstheorie moderner Gesellschaften.* In: Zeitschrift für Religionswissenschaft 4/2, 1996, S. 135

82 Vgl.: Bellah, R. 2011

83 Vgl.: Schüler, S.: *Religion, Kognition, Evolution. Religionswissenschaft heute.* Band 9. Stuttgart 2011

84 Austin, J.: *Zen and the Brain.* Cambridge (MA) 1999

85 Schnabel, U.: *Die Vermessung des Glaubens. Forscher ergründen, wie der Glaube entsteht und warum er Berge versetzt.* München 2008

86 Goldberg, R. (Hrsg.): *Judaism in Biological Perspective. Biblical Lore and Judaic Practices.* Boulder 2009

87 Boyer, P. (2002): *Und Mensch schuf Gott.* Stuttgart 2004

88 Vgl.: Wilson, D. S. 2002/2004

89 Vgl.: Bering, J.: *Die Erfindung Gottes. Wie die Evolution den Glauben schuf.* München 2010

90 Vgl.: Marlowe, F. et al.: *More Altruistic Punishment in Larger Societies.* In: Proceedings of the Royal Society B 275, S. 587–590 und Soler, M.: *Commitment Costs and Cooperation.* In: Bulbulia, J. et al. (Hrsg.): *The Evolution of Religion.* Santa Margarita 2008, S. 181–187

91 Vgl.: Wright, R.: *The Evolution of God.* London 2009

92 Darwin, C. 1871/2005, S. 105

93 Schüler, S. 2011, S. 174

94 Vgl.: Steinig, W.: *Als die Wörter tanzen lernten. Ursprung und Gegenwart von Sprache.* München – Heidelberg 2007

95 Vgl.: Bellah, R. 2011, S. 118–120, Schüler, S. 2011, S. 150–152, S. 172–174

96 Vgl.: Vaas, R., Blume. M. 2009, S. 65–106

97 Vgl.: Lanwerd, S., Moser, M. E. (Hrsg.): *Frau – Gender – Queer. Gendertheoretische Ansätze in der Religionswissenschaft.* Würzburg 2010

98 Vgl.: Blume, M.: *Die Rolle der Frau in der Evolution von Religiosität.* In: *Mitteilungen der Berliner Gesellschaft für Anthropologie, Ethnologie und Urgeschichte.* Band 31, 2010, S. 15–26

99 Vgl.: Nolte, M.: *Der Neandertaler und die Religiosität.* In: Handbuch der Religionen, München 2011, EL 21, Kap. I – 17.2

100 Vgl.: Jahn, A. (Hrsg.): *Wie das Denken erwachte. Die Evolution des menschlichen Geistes.* Stuttgart 2011

Zu 3:

1 Graham, W.: *The Creed of Science. Religious, Moral and Social.* London 1881, 2. Auflage 1884, Elibron 2007, S. 368

2 Vgl.: Roloff, E. 2010, S. 265

3 Vgl.: William Graham an Charles Darwin, 5. Oktober 1881. In: Darwin Correspondence Database, http://www.darwinproject.ac.uk/entry-13373, Abruf am 22.2.2012

4 Boylan, T. A., Foley, T.: *Political Economy and Colonial Ireland.* London 1992, S. 166–167. Mit Dank für das Auffinden dieser Quelle an Jesse Bering und William Crawley.

5 Darwin an William Graham, 3. Juli 1881. In: Darwin Correspondence Database, http://www.darwinproject.ac.uk/entry-13230, Abruf am 22.2.2012

6 Graham an Darwin, August 1881. In: Darwin Correspondence Database, http://www.darwinproject.ac.uk/entry-13268

7 Darwin an Graham, 5. August 1881. In: Darwin Correspondence Database, http://www.darwinproject.ac.uk/entry-13276

8   Graham, W. 1881/2007, S. 213

9   Ebd., S. 25–30

10 Ebd., S. 272 und 371

11 Ebd., S. 279

12 Ebd., S. 372

13 Ebd., S. 125

14 Ebd., S. xxvii–xxviii (Introduction)

15 Ebd., S. 125–126

16 Ebd., S. xxxiv (Introduction)

17 Siehe Briefübersetzung in Kap. 3

18 Graham verweist hier auf die »Abstammung des Menschen« und mithin auf den bereits in Kap. 1.3 zitierten Absatz zu »Große Gesetzgeber ...« aus Darwin, C. 1871/2005, S. 151

19 Ebd., S. 65–66

20 Siehe Briefübersetzung in Kap. 3

21 Graham, W. 1881/2007, S. 322–323

22 Ebd., S. 71–72

23 Ebd., S. 377–378

24 Ebd., S. 301

25 Ebd., S. 276

26 Ebd., S. 96–97

27 Vgl.: Ebd., S. 385

28 Ebd., S. 362

29 Ebd., S. 327–328

30 Ebd., S. 358

31 Vgl. Kehse, U.: *Anthropisches Prinzip unter Beschuss.* In: Bild der Wissenschaft 11/2006, 16.11.2006, Abruf am 1.3.2012 unter: http://www.wissenschaft.de/sixcms/detail.php?id=272036

32 Graham, W. 1881/2007, S. 338

33 Ebd., S. 346–347

34 Ebd., S. 294

35 Vgl. Becker, P., Diewald, U. (Hrsg.): *Zukunftsperspektiven im theologisch-naturwissenschaftlichen Dialog.* Göttingen 2011

36 Graham, W. 1881/2007, S. 340

37 Darwin an W. Graham, 3. Juli 1881. In: Darwin Correspondence Database, http://www.darwinproject.ac.uk/entry-13230, Abruf am 3.3.2012, vgl. Kap. 3

38 Vgl.: Koenneker, C. 2005, S. 82–84

39 Krauss, L.: *A Universe from Nothing.* New York 2012

40   Vaas, R. (2012): *Das Verschwinden der Zeit. Gegenwart, Ewigkeit und eine hartnäckige Illusion*. In: Universitas 01/2012, Nr. 787, S. 31–53, Zitat S. 38

41   Vgl. Krauss, L. 2012

42   Vgl.: Vaas, R.: *Hawkings neues Universum. Wie es zum Urknall kam*. Stuttgart 2008

43   Vaas, R. 2008, S. 311

44   Byrne, P. (2012): *Interview mit Leonard Susskind – Antirealistischer Querdenker*. In: Spektrum der Wissenschaft 03/2012, S. 48–51

45   McGinn, C. (2012): *Faustkeilintelligenz*. In: Süddeutsche Zeitung Nr. 53, 3. März 2012, S. 15 (Feuilleton)

Zum Nachwort:

1   Vgl.: McCauley, R.: *Why Religion is Natural and Science is Not*. New York 2011

2   Kaufmann, E.: *Shall The Religious Inherit The Earth? Demography and Politics in the 21st Century*. London 2010

3   Vgl.: Grüter, Th.: *Magisches Denken. Wie es entsteht und wie es uns beeinflusst*. Frankfurt a. M. 2010

4   Vgl.: Polianski, I., Schwartz, M. (Hrsg.): *Die Spur des Sputnik. Kulturhistorische Expeditionen ins kosmische Zeitalter*. Frankfurt 2009

5   Wenn Sie immer noch der Auffassung sein sollten, dass Baupraktiker zu den großen Themen nichts beizusteuern haben, so darf ich noch einmal daran erinnern, dass die Evolutionstheorie von einem bürgerwissenschaftlichen Theologen (Darwin) und einem bürgerwissenschaftlichen Landvermesser (Wallace) entdeckt wurde.

6   Aus dem Blogpost »Ein Mystiker im Internet – Web-Interview mit Stefan Krause vom Blog Seelengrund« auf Natur des Glaubens, 31.01.2012, Kurz-URL: http://is.gd/Y76xPg

Register der Personen

Register der Personen

Francis S. Collins
Gott und die Gene

Ein Naturwissenschaftler
entschlüsselt die Sprache
Gottes

Aus dem Englischen
von Arne Feddersen

HERDER spektrum Band 6353
240 Seiten, broschiert
ISBN 978-3-451-06353-4

Der damalige Leiter des Human Genome Project, dem 2003
die vollständige Sequenzierung der menschlichen DNA
gelang, beschreibt in diesem sehr persönlichen Buch die
Erfahrungen, die er als Naturwissenschaftler machen konnte,
und wie er über seine Arbeit zum Glauben fand. Dies Buch
zeigt: Glaube an Gott und naturwissenschaftliches Weltbild
sind kein Gegensatz. Im Wunder der Evolution lässt sich
Gott erkennen.

HERDER

18095190R00106

Printed in Poland
by Amazon Fulfillment
Poland Sp. z o.o., Wrocław